부자 경매의 시작
알기 쉬운 기초 경매

★ 부자 경매의 시작 ★

알기 쉬운 기초 경매

김인성 지음

볼 줄 알고
읽을 줄만 알면
경매는 한다

매일경제신문사

부동산 경매는 특정한 사람들의 전유물이 아니라 보통 사람들의 전유물이다

일반인들은 마냥 경매가 어렵고 위험이 많은 거래 행위로 느끼고 있다. 그래도 대다수의 사람들이 조금이라도 해보고 싶은 마음들은 가지고 있다. 그럼에도 "경매는 무조건 어렵고 골치 아프다", "경매는 위험하다", "재테크는커녕 생돈 날리는 일이 비일비재하다", "잘못하면 경매 브로커들한테 놀아난다", "세입자가 버티면 시간 버려 돈 버려, 배보다 배꼽이 더 커진다", "법을 믿을 수 없다" 등 주변의 말로 인해 선뜻 나서지 못하는 사람들을 의외로 주변에서 많이 보게 된다.

이런 잘못된 정보를 제공하는 사람들은 현재 경매를 하지 않거나, 하다가 포기했거나, 또는 현재의 법을 모르고 과거의 경매 제도의 인식을 가지고 있는 사람들일 것이다.

그러나 한 번쯤이라도 경매를 통해 부동산을 취득해본 사람이라면 위와 같은 부정적 내용보다는 경매가 의외로 안전하고, 재테크 수단으로 좋은 방법이라는 것을 알게 된다. 이후에는 오히려 주변에 적극 권하며 경매 시장을 꾸준히 찾는다.

많은 사람이 경매로 '실거주용 주택을 구입', '자영업을 위해 점포를 구입', '수익성 부동산을 구입', '투자용 부동산을 구입' 등을 할 수 있는데도 불구하고, 주변 사람들의 말이나 잘못 알려진 정보로 인해 선뜻 하지 못하고 있다. 이것은 재테크의 좋은 방법을 스스로가 포기하는 잘못된 판단이다. 이런 사람들에게 필자가 온오프라인 강의와 이 책을 적극 권한다.

경매가 안전하고 즐겁고 좋다는 이유(경매, 樂)

호가제(呼價制)였던 과거의 경매 방식에서는 특정인(일명 브로커)들만이 경매에 참여했지만, 요즘의 경매는 누구나 쉽게 참여할 수 있는 대중화된 부동산 거래 방법이다.

경매 시장이 대중화된 계기는 호가제에서 입찰제(入札制)로 바뀌며 경매 시장의 문턱이 낮아지고, 2002년 7월에 시행된 민사집행법이 종전 민사소송법의 경매 제도 위험성을 상당 부분 개정해서 입찰자들이 입찰을 쉽고 간편하게 참여할 수 있고, 권리관계에 있어 상당 부분 안전성이 보장된 것을 들 수 있다.

경매가 쉽고 안전하다고 주장하는 것도 민사집행법의 신속한 권리구제와 매수인 지위 보호강화에 역점을 두고 관련법을 보안 개정했기 때문이다.

그 결과 경매 시장이 대중화되면서 참여하는 사람들이 대폭 증가할 수 있었다. 또한 소유자, 채무자, 임차인 등 점유자들의 제도남용에 대한 저해요인을 대폭 개정, 경매에 대한 공신력을 제

고해 그동안 경매로 부동산을 구입하는 데 있어서의 권리관계의 위험성과 시간적 비용 등 어려움이 상당 부분 해소된 이유로 "경매가 안전하고 즐겁고 좋다"고 할 수 있는 것이다.

부자 경매의 시작

이런 법을 근거로 이 책은 경매에 관심은 있으나 왠지 두렵고, 관련 서적을 보아도 잘 이해가 안 가는 사람들을 위해 만들어졌다. 또한 학원도 다녀보고, 포털 사이트에서 무수히 나오는 경매 정보로 공부를 해봐도 접근법을 몰라 주저하는 사람들이나, 이러한 지식으로 경매를 접해보았어도 선뜻 실행에 옮길 자신이 없는 사람들을 위해 만들어졌다. 이 책은 필자가 경매 가이드가 되고, 부동산학을 전공하며 쌓은 지식과 30년이 넘는 오랜 세월 부동산업에 종사하며 얻은 경험과 산지식을 토대로 만들어진 것이다.

이 책의 중점 내용은 민사집행법을 알기 쉽게 풀고, 어렵고 난해한 부분은 가급적 삭제해 '경매가 좋은 이유, 즐거운 이유(경매, 樂), 안전한 이유' 등을 주 테마로 해서 《알기 쉬운 기초 경매》와 《알기 쉬운 경매 실무》, 《알기 쉬운 특수물건》 3권으로 기술하고자 한다. 전체 내용은 경매 기본 상식, 경매 정보지 보는 법, 그 속에서 물건 찾는 방법, 물건분석(임대차 및 권리 분석), 현장 답사 요령, 경매 절차, 입찰 요령, 낙찰 후 인도(명도) 요령, 특수물건 알아보기 등 경매의 시작에서부터 마무리까지

놓쳐서는 안 될 중요하고도 필요한 부분만을 요약해 이야기 형식으로 풀어서 초보자도 쉽게 이해할 수 있고, 실무에 곧바로 적용할 수 있도록 기술하고자 한다.

경매는 몰라도 경매는 한다

경매에서 가장 중요하다는 "권리분석도 모르고, 배당도 모르는 상태로 경매를 하냐?"라고 하는 사람들이 있다. 그렇다. "알아서 남 주나"라는 말이 있듯이 알아서 나쁠 것 없다. 그러나 그런 거 모른다고 경매를 못할까?

배당표 작성이나 배당은 낙찰자가 하는 게 아니고 법원의 담당자가 한다.

권리분석도 누가 하느냐. 지금은 바야흐로 인공지능 시대다. 즉, 정보제공자들이 AI가 분석해놓은 자료, 또는 해당 권리분석 전문가나 관련 전문가들이 면밀히 검토분석 후 정보를 제공한다.

필자가 온오프라인 강의와 해당 교재를 통해 쉬운 경매라고 하는 이유 중 첫 번째 이유는 민사집행법상 권리관계의 정확성과 안전성 그리고 매수인(낙찰자) 위주의 보호강화규정 덕분이다. 두 번째는 경매 법원의 물건에 대한 절차의 공정성과 투명성 그리고 정보제공자들의 정확하고 다양한 정보제공 덕분이다.

치열하게 공부하는 경매를 강조하지 않고 제공된 물건의 권리분석과 모든 조건들을 '볼 줄 알고, 읽을 줄 알고, 상식선에서 이해하고, 부동산을 평가하고 판단'을 할 줄만 알면 "경매를 할 수 있다"는 데 중점을 두고 책을 구성했다.

경매의 득(得)과 실(失)

모르고도 경매를 할 수 있지만, 경매의 기초와 기본을 경시하거나 학습을 게을리하자는 이야기는 아니다. 경매를 하면서 '아무것도 모르는 나도 할 수 있을까? 위험하다는데'라는 염려와 부정적인 생각을 갖지 말고, 긍정적인 생각과 자신 있는 마인드를 가지고 해보자는 말이다.

앞서 이야기한 "경매가 왜 안전하고 즐겁고 좋은지"에 대한 이해만 된다면 군이 부정적인 생각을 가질 하등의 이유가 없지 않은가. 부정적 마인드로 경매를 접하는 것과 긍정적 마인드로 시작하는 것은 그 길고 짧음에 상당한 차이가 있다.

부정은 어렵고 잘 안 되었을 때를 미리 생각하고 염려하지만, 긍정은 자신감과 희망을 그리며 설계를 한다. 적어도 경매를 배우거나 시작하면서 자신의 생각과 마인드가 어디 있는지 한 번쯤 살펴보자.

결국, 경매를 오래 하고 더불어 재테크도 하느냐, 마느냐는 법 규정의 미비나 물건분석, 권리분석 등의 기본적 내용이 아닌, 자신의 마인드에 있다는 사실을 직시해야 한다. 부정적 마인드가 지배적이라면 경매를 하든 안 하든, 하다가 포기했든, 한 번쯤 필자의 책을 읽어보고, 온오프라인 강의를 들어보기를 권한다.

책의 특성

이 책은 필자의 온오프라인 강의와 궤를 맞춰 '교과서적 기초보다는 실무적 기초'에 주안점을 두고 이야기하듯 풀어서 설명을 하고, 외우기보다는 이해를 하는 데 역점을 두고 경매에 대한 자신감을 갖고 할 수 있도록 구성하기 위해 최선을 다했다.

아무쪼록 경매에 입문하고자 하는 사람이나, 하는 사람이나, 포기한 사람이나, 이 책과 온오프라인 강의를 접하는 모든 사람들에게 조금이라도 도움이 되어서 경매를 통해 얻고자 하는 목적이 이루지기를 진심으로 기원하고 응원을 보낸다.

끝으로 책을 집필하는 데 많은 도움을 주고, 긴 시간을 기다리며 출간을 해준 두드림미디어의 대표님을 비롯해 출판 관계자분들께 깊은 감사의 말을 전하며, 아울러 끝까지 집필할 수 있도록 관심을 갖고 응원해준 가족, 지인, 동문 그리고 책의 출간을 기다리는 주변의 많은 투자자분께도 고마움을 전한다.

김인성

차 례

프롤로그　경매는 몰라도 경매는 즐겁고 좋다　**5**

SECTION 01　경매의 시작

Part 01 경매를 하면 즐겁고 좋은 이유가 있네!

01 시세보다 싼 가격에 부동산을 취득한다고요!　**19**

02 경매를 이용하면 재테크는 물론,
필요한 물건 취득이 용이하다　**23**

03 누구나 물건의 정보 접근이 용이하고 편리하다　**27**

04 경매는 토지거래허가를 안 받아도 된다고요?　**29**

05 경매 함정이 많다는데 법원 경매가 안전하다고요?　**32**

06 왜 부동산 경매를 해야 하지?　**46**

Part 02 경매, 무엇부터 시작해야 하지?

01 경매를 왜 시작했고, 목적이 무엇인지 알아야지!　**53**

02 목적이 정해지면 어떤 점이 좋을까?　**56**

03 취득 목적에 따른 종목 분류를 해보자　**59**

04 적은 '종잣돈'일수록 자금 계획은 철저히 하자!　**65**

SECTION 02　경매의 기초

Part 03 경매의 시작은 물건부터 찾는 거지!

01 경매 물건 어디서 찾을꼬?　**79**

02 대법원 경매 인터넷사이트에서 물건을 찾아보자　**82**

03 사설 경매 정보 사이트에서도 찾아보자　**97**

Part 04 물건을 찾았으니 권리분석은 해야지!

01 권리분석이 꼭 필요한 이유　**103**

02 말소기준권리(등기)가 뭔지는 알아두자!　**113**

03 매수인이 인수하는 부담스러운 권리는 뭐가 있나요?　**120**

04 권리분석의 핵심, 등기부등본 상식적으로 알자!　**124**

05 집합건물 등기부의 대지권을 제대로 알고 가자!　**133**

06 토지별도등기란 어떤 권리?　**154**

07 전세권, 이 정도는 알고 가자　**166**

Part 05 권리분석의 주 대상, 임차인 권리 알기!

01 임차인의 벽을 넘어야 경매를 한다 **181**

02 임대차보호법의 적용 어디까지? **184**

03 임차인 권리분석의 핵심, 대항요건과 대항력 **191**

04 대항력의 실무적 적용사례 **197**

05 임차인들이 믿는 확정일자에 대해서 **204**

06 임차인의 보루, 소액보증금과 최우선변제금 **215**

07 임차권등기명령과 임대차등기는 뭐가 다른가? **223**

Part 06 배당에 대해서

01 배당이란? **233**

02 배당을 몰라도 경매는 한다 **234**

03 권리분석의 핵심, 선순위임차인의 배당권리는 알고 가자 **242**

04 보일 듯 안 보이는 권리도 확인하자 **251**

05 동시(同時)배당인지 이시(異時)배당인지 알고 하자 **254**

SECTION

01

경매의 시작

Part 01 경매롤 하면 즐겁고 좋은 이유가 있네!

Part 02 경매, 무엇부터 시작해야 하지?

경매를 하면 즐겁고 좋은 이유가 있네!

01 시세보다 싼 가격에 부동산을 취득한다고요!
02 경매를 이용하면 재테크는 물론, 필요한 물건 취득이 용이하다
03 누구나 물건의 정보 접근이 용이하고 편리하다
04 경매는 토지거래허가를 안 받아도 된다고요?
05 경매 함정이 많다는데 법원 경매가 안전하다고요?
06 왜 부동산 경매를 해야 하지?

01 시세보다 싼 가격에 부동산을 취득한다고요!

얼마나 싼데?

어째서 많은 사람들이 경매 시장을 찾을까? 그 이유와 원인을 살펴보자.

법원 경매는 최초감정가액 100%에서 한 번씩 유찰될 때마다 최저 경매가가 감정가의 20%씩 하락한다. 1회 유찰 시 80% → 64% → 51.2% → 40.96% → 32.8%로 하락하기 때문에 세 번만 유찰이 되어도 반값에 살 수 있다.

인천을 비롯한 전국 경매 법원 30여 곳에서는 1회 유찰 시마다 최저 경매가가 30%씩 하락, 70% → 49% → 34.3% → 24.01%로 떨어지기 때문에 저렴하게 부동산을 구입하게 되는 것이다.

이러한 하락률을 기준으로 2021/4~2022/3 기준 지역별 매각가율 평균통계를 보면 서울지역 94.9%, 인천지역 88%, 경기지역 85.8%, 부산지역 86.4%, 대구지역 91.6%, 대전지역 81%, 광주지역 95.7%로 나타난다. 이상의 대도시 외의 지역을 포함한 전국 용도별 매각 통계 평균치는 78.5% 매각가율(자료1-2. 참조)로 세부종목이나 지역별로 차이는 있지만 감정가를 시세로 본다면 평균 70%대의 낮은 가격으로 매각되고 있다.

또한 지난 5년간의 법원 경매 연도별 매각가율 통계를 보면 2017 → 69.5%, 2018 → 70.4%, 2019 → 73.2%, 2020 → 79.1%, 2021 → 78.4%, 대로 감정가 대비 70% 초반의 매각가율을 꾸준히 유지하고 있다. 매년 평균 10조 원대의 거래금액을 보이며 많은 투자자들이 경매를 통해 재테크 또는 필요한 부동산을 낮은 가격에 취득 하고 있다는 것을 알 수가 있다.

부동산 경매 시장은 전세나 매매 시장, 분양 시장, 금리와 더불어 부동산 경기의 선행지수라고도 한다. 시장의 수요와 공급에 따른 가격의 변화와 정부정책의 강온에 따른 시장의 영향이 먼저 나타나는 경향이 있다. 특히 항상 공급이 부족한 서울이나 수도권의 아파트가 시중의 거래가보다 높은 가격으로 낙찰이 되고, 그 가격이 시장의 거래가로 형성되는 되는 등 종목에 따라서는 부침이 심하기도 하다(자료1-5 참조).

이렇듯 종목에 따라 감정가 이상의 높은 가격에 낙찰이 되고, 그 가격 이상으로 거래가 되는 현상이 나타나면, 향후 실물 시장의 동향이나 흐름도 어느 정도 예측할 수 있게 된다. 그럼에도 경매에 참여할 때는 종목선정, 입찰의 타이밍, 가격 등을 신중하게 저울질해봐야 한다.

  이러한 현상에도 불구하고 지난 5년간의 통계에서 보듯이 경매 시장에서의 매수가격은 시중 거래가보다 상당히 낮은 가격에 매각이 되고, 부동산 경기의 흐름대로 꾸준히 거래되고 있음을 알 수 있다. 결국 시세보다 싸게 부동산을 취득할 수 있다는 장점이 있어 많은 사람이 경매에 참여하고 부동산을 취득하는 것이라 할 수 있다.

자료1-1. 지역별 매각 통계(법원경매정보 참조)

서울지역	경매 건수	매각 건수	감정가▲(단위 : 원)	매각가▲(단위 : 원)	매각율▲	매각가율▲
전체	6,304	1,949	958,203,498,768	909,598,058,768	30.9%	94.9%

인천지역	경매 건수	매각 건수	감정가▲(단위 : 원)	매각가▲(단위 : 원)	매각율▲	매각가율▲
전체	5,017	1,994	451,915,280,665	397,885,743,809	39.7%	88%

경기지역	경매 건수	매각 건수	감정가▲(단위 : 원)	매각가▲(단위 : 원)	매각율▲	매각가율▲
전체	15,204	6,129	2,186,079,694,843	1,875,615,611,827	40.3%	85.8%

부산지역	경매 건수	매각 건수	감정가▲(단위 : 원)	매각가▲(단위 : 원)	매각율▲	매각가율▲
전체	6,276	2,147	507,782,113,942	438,817,059,469	34.2%	86.4%

대구지역	경매 건수	매각 건수	감정가▲(단위 : 원)	매각가▲(단위 : 원)	매각율▲	매각가율▲
전체	1,415	649	211,100,149,261	193,293,253,925	45.9%	91.6%

대전지역	경매 건수	매각 건수	감정가▲(단위 : 원)	매각가▲(단위 : 원)	매각율▲	매각가율▲
전체	1,589	524	203,982,697,282	165,284,766,322	33%	81%

광주지역	경매 건수	매각 건수	감정가▲(단위 : 원)	매각가▲(단위 : 원)	매각율▲	매각가율▲
전체	1,102	478	112,954,431,645	108,140,097,575	43.4%	95.7%

자료1-2. 전국 용도별 매각 통계(2021. 4~2022. 3 기준, 법원경매정보 참조)

물건용도		경매건수	매각건수	감정가(단위:원)	매각가(단위:원)	매각율	매각가율
아파트		19,180	8,887	1,928,750,038,185	1,912,362,788,411	46.3%	99.2%
단독주택, 다가구주택	단독주택	4,028	1,444	376,432,068,873	314,334,318,448	35.8%	83.5%
	다가구주택	1,145	355	276,139,743,094	207,109,192,742	31%	75%
	겸용	1,006	429	217,946,718,350	157,308,006,896	42.6%	72.2%
	소계	6,179	2,228	870,518,530,317	678,751,518,086	36%	78%
연립주택,다세대		16,073	5,027	822,309,993,447	632,146,423,936	31.3%	76.9%
대지, 임야, 전답	대지	3,499	1,569	380,604,564,742	336,940,131,597	44.8%	88.5%
	임야	10,618	3,508	799,026,144,744	577,106,717,431	33%	72.2%
	전답	17,071	5,784	879,044,283,375	698,737,069,834	33.9%	79.5%
	겸용	3,123	1,217	541,401,582,413	375,745,118,360	39%	69.4%
	소계	34,311	12,078	2,600,076,575,274	1,988,529,037,222	35.2%	76.5%
자동차,중기		7,357	3,318	89,850,261,170	69,485,194,096	45.1%	77.3%
상가, 오피스텔, 근린시설	상가	1,328	351	144,216,394,170	100,155,977,439	26.4%	69.4%
	오피스텔	4,479	1,197	195,199,506,480	155,642,537,205	26.7%	79.7%
	근린시설	5,092	1,290	912,396,850,925	701,308,923,666	25.3%	76.9%
	겸용	4,605	1,389	702,257,855,653	468,245,817,375	30.2%	66.7%
	소계	15,504	4,227	1,954,072,607,228	1,425,353,255,685	27.3%	72.9%
기타		11,848	3,815	5,056,557,928,355	3,748,822,604,908	32.2%	74.1%
전체		110,452	39,580	13,322,135,933,976	10,455,450,822,344	35.8%	78.5%

02 경매를 이용하면 재테크는 물론, 필요한 물건 취득이 용이하다

경매 부동산을 감정가 이하로 싸게 구입한다는 자체가 곧 재테크의 강력한 수단이다. 낙찰을 받는 순간부터 투자 수익이나 기대 이익을 보장받는 셈이 된다고 할 수 있다.

또한, 재테크 목적보다는 먹고 자며 생활해야 하는 실거주용 주택을 구입한다든지, 내 건물, 내 점포에서 상행위를 하기 위해 필요한 상가 또는 공장, 토지 등 자신의 목적에 맞는 부동산을 구입할 때도 경매를 이용하면 언제든지 필요한 물건을 싸게 구입할 수 있다는 장점이 있다.

실거래 시장에서는 찾는 물건이 없어도 경매 시장에는 필요한 물건이 항시 있다고 보면 된다. 통계를 보면 매월 전국적으로 1만 건이 넘는 물건이 꾸준히 경매 시장에 나온다(자료1-2 참조). 그중에서 자신이 찾는 종목과 목적에 맞는 필요한 물건을 찾아

분석하고 입찰 경쟁 후 취득하면 된다.

경매 시장이 아닌 부동산 경기를 주도하는 아파트의 2017~ 2020 상반기 KB부동산 아파트 실거래 매매 가격(자료1-3 참조) 통계를 살펴보자. 가파르게 상승곡선을 그리며 가격이 폭등한 것을 알 수가 있다.

아파트 가격이 상승하는 데는 여러 가지 원인이 복합적으로 작용한다. 그중 가장 큰 원인은 수요가 많거나, 몰리는 지역의 공급부족, 그로 인해 가격이 상승할 것이라는 기대심리가 작용하기 때문이다. 수요를 원하는 지역에 공급정책이 아닌, 수요억제 정책으로 인한 중장기적 공급부족에 대한 심리적 요인과 낮은 금리로 인한 풍부한 유동성을 바탕으로 실수요자와 재테크를 위한 가수요자가 증대하면서, 가격은 급상승하고 시중에는 매물 부족 현상이 발생하게 되는 것이다.

KB부동산 아파트 시세

자료1-3. 2016~2020 상반기

5년 새 4억 원 가까이 뛴
서울 아파트 중위가격
(단위 : 만 원)

9억 1,216
8억 4,025
7억 500
5억 9,585
5억 4,081

2016 2017 2018 2019 2020년
※ KB부동산 월간 주택가격, 매년 1월 기준

자료1-4. 2017~2019 3분기

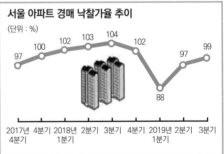

서울 아파트 경매 낙찰가율 추이
(단위 : %)

97 100 102 103 104 102 88 97 99

2017년 4분기 2018년 2분기 3분기 4분기 2019년 2분기 3분기
4분기   1분기   1분기

자료1-5. 연도별 서울 아파트 경매 낙찰가율 추이

(단위 : %)

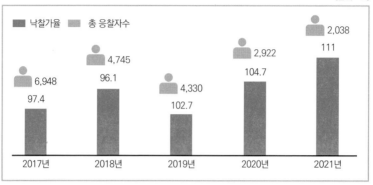

출처 : 지지옥션

　같은 기간에 경매 시장은 어떠한가. 앞의 자료1-3의 실거래가격과 자료1-4, 자료1-5의 매각가율 통계자료를 보면 매매가격의 가파른 상승세와 비례해서 그 기간의 서울지역 아파트 경매 낙찰가가 감정가 대비 100% 이상으로 매각된 것을 알 수 있다.

　그런데 의아하지 않은가? 경매는 싼 맛에 산다는데 앞의 통계에서 보듯 실거래 시장의 거래가격보다 더 비싸게 누가 사가는 것일까? 그럴 거면 경매는 왜 할까? 객관적 입장에서는 왜 비싸게 사는지 어이없어 하는 사람들이 대다수다. 대부분 경매는 실거래가보다 싸게 사고 싶은 마음으로 참여를 한다. 그렇게 시중 거래가보다 싼 맛에 사자고 경매 시장에 뛰어드는 것이 일반적이고 장점이라 할 수 있다. 그럼에도 불구하고 통계가 보여주듯 경매 시장의 매각가율은 지난 몇 년간이나 실거래가 꾸준히 상승하고 있다.

결국 싸게 산다는 것은 감정가격만을 절대적 기준으로 놓고 보아선 안 된다는 것이다. 투자자 자신의 향후 시장을 보는 안목과 필요성에 따른 심리적 가격, 경매 시장이나 실거래 시장의 동향에 따라 주관적 가치가 정해지는 것이다.

이렇듯 재테크를 위한 투자든, 내 집 마련을 위한 투자든, 해당 물건이 꼭 필요한 사람은 감정가 대비 싸게 사야 한다는 고정관념에서 벗어나야 한다. 향후 부동산 시장의 동향도 파악하고 매입하고자 하는 물건의 희소성이나 필요성에 따라 현재의 감정가 이상의 매가도 싸다고 보고 투자할 수 있는 마인드를 가지고 참여를 할 때, 원하는 목적을 이룰 것이라 본다.

03 누구나 물건의 정보 접근이 용이하고 편리하다

경매 물건은 첫 매각기일 14일 전에 각 일간 신문에 공고될 뿐만 아니라, 대법원 경매 정보지를 통해 전국 단위의 매물정보를 사진, 지적, 위치도 등과 곁들여 개시된다. 인터넷을 통해 공신력 있는 정보를 상세하게 제공해 매물정보를 쉽게 접근할 수 있다.

그러나 대법원매물정보는 누구나 무료로 정보를 제공받을 수 있다는 장점도 있지만, 종합적으로 분석되어 있지 않다는 단점도 있다. 정보가 종합적으로 분석되어 있지 않아, 법원 경매 정보만을 이용할 때는 이용자 스스로 부족한 정보를 분석할 수 있는 능력이 각별히 필요하다.

반면 민간정보업체들은 별도의 비용을 받으며 대법원에서 제공하는 기본 정보 외에 각종 디지털 시스템을 통한 다양한 통계자료와 지적공부, 현장의 조사내용, 등기부상의 권리, 임대차 및 권리분석의 결과 등 입찰자에게 편리를 제공하고 있다. 그래서 경매에 참여하는 대부분의 사람들이 법원 경매 정보를 기본으로 확인 검색하고 더 많은 정보의 검색을 위해 민간정보업체에서 운영하는 경매 정보 사이트 중 하나를 선택해서 이용하고 있는 현실이다.

자료1-6. 대법원 경매 정보 메인화면

출처 : 대한민국 법원 법원경매정보

자료1-7. 민간정보지 화면

출처 : 부동산태인

04 경매는 토지거래허가를 안 받아도 된다고요?

토지거래허가제는 토지의 투기적인 거래가 성행하거나 성행할 우려가 있는 지역 및 지가가 급격히 상승하거나 우려가 있는 지역에 토지 투기를 방지하기 위해 설정한 구역이다. 1979년에 도입되어 아직도 서울, 부산, 대전, 세종시, 경기도 일부 지역을 포함해 시행되고 있고, 정부의 부동산 규제정책으로 점차 그 범위가 늘어나고 있는 추세다. 그러나 이러한 토지거래허가제는 오히려 경매에서는 득이 된다.

토지거래허가구역에서는 『부동산 거래신고 등에 관한 법률 제14조. 국가 등의 토지거래계약에 관한 특례』의 규정에 따라 일정 면적 이상 취득하는 토지 또는 대상 부동산에 대해 계약금액, 토지이용계획, 자금조달계획 등 중요 내용에 대해 시, 군, 구청장의 토지거래허가를 받아야 토지나 아파트 등 대상 부동산을 취득할 수 있지만, 경매로 취득할 때는 거래의 허가 없이 전국 어디든 자유롭게 취득할 수 있는 장점이 있다.

또한 매수인에 대한 자격이나 전매제한도 받지 않는다. 또한 부동산 실거래가 신고제가 실시되면서 일반매매에 있어서는 실거래가 취득세과세표준이 되지만, 경매에 있어서는 감정가가 아닌 낙찰가를 적용받게 되어 취득세 감면 효과도 볼 수 있다는 장점도 있다. 그러나 취득물건이 농지일 경우에는 토지거래허가 유무와 상관없이 '농지취득자격증명원'을 제출해야 한다.

자료1-8. 토지거래허가 면적 기준(2022. 2. 28.시행, 건축법제57조대지분할면적기준)

용도지역		면적
도시지역	주거지역	60㎡ 초과
	상업지역	150㎡ 초과
	공업지역	150㎡ 초과
	녹지지역	200㎡ 초과
	용도지역 미지정	60㎡ 초과
도시지역 외의 지역	농지	500㎡ 초과
	임야	1000㎡ 초과
	농지 및 임야 이외의 토지	250㎡ 초과

자료1-9. 토지거래허가면적기준(서울특별시기준 2021-3211호)

용도지역		면적
도시지역	주거지역	18㎡ 초과
	상업지역	20㎡ 초과
	공업지역	66㎡ 초과
	녹지지역	10㎡ 초과
	용도지역의 지정이 없는 곳	9㎡ 초과

- 도시지역 외의 지역이란, '국토의 계획 및 이용에 관한 법률' 이 규정한 도시지역 외에 농림지역, 관리지역, 자연환경보전지역을 말한다.

자료1-10. 취득 목적에 따른 이용의무기간(국토교통부 2018.10.30)

용도	이용의무기간	비고
주거용지	자기거주용(2년)	가족 공용
주민복지, (편의)시설	자기경영용(2년)	건축 후 분양 가능
농업·축산업·임업·어업	주민등록 현재 거주(2년)	취득자격증명 필요(농업)
공익사업, 지구 지정 등	자기경영용(4년)	
대체 토지 취득	자기경영용(2년)	보상에 따른 협의 취득·수용
현상보존용	개발금지(규제)토지(5년)	도로, 하천 등

경매 함정이 많다는데
법원 경매가 안전하다고요?

구제방법

법원 경매를 통해 부동산을 취득하게 되면 물건선택에서 취득까지의 전 과정이 법원의 책임하에 진행된다. 그렇기 때문에 일반 거래에 있어서 계약이 해약되거나 또는 사기를 당하거나 하는 등의 피해를 보는 일은 없어 거래의 안전성 면에서 오히려 일반매매보다는 안전한 측면이 있다고 본다.

그러나 일반매매에서 매도물건의 하자가 있을 때는 매도인이 그 하자에 대한 담보책임을 지지만, 경매에 있어서 집행법원은 매각 대상 부동산에 대한 임차인의 대항력 유무, 등기된 부동산의 권리관계, 소멸되지 않는 권리, 미등기권리나 미등기건물 등 현황을 기재하도록 주문을 하지만 공신력은 없다고 할 수 있어

하자에 대한 책임은 낙찰자가 져야 한다.

하지만 낙찰받은 후 경매 물건이 천재지변이나 낙찰자가 책임질 수 없을 정도로 물건이 현저히 훼손되거나, 물건명세서상의 중대한 흠이나 부동산에 대한 중대한 권리관계가 변동된 사실이 밝혀지거나, 경매 절차상의 중대한 문제가 있어 해당 물건을 취득하게 되면 자칫 어려움에 처하거나 상당한 손해가 발생될 가능성이 있는데, 그럴 경우에도 낙찰자가 떠안아야 하는지 그 여부를 집행법원에 따져는 봐야 하지 않을까?

입찰물건에 권리분석상의 하자가 없어 입찰을 하고 낙찰을 받았는데, 낙찰을 받고 나서 권리를 인수하거나 추가부담을 해야 하는 문제를 알게 되어 낙찰을 받고도 매수를 포기해야 하는 경우도 있다. 법원에 납입한 매수신청보증금조차도 자칫 잃을 수 있는 이런 예상조차 하지 못한 함정에 빠졌을 때, 실무에서는 '경매 함정에 빠졌다'라는 말로 표현하는데, 어찌해야 하는가? 따져보긴 해야 하는데 그 구제방법은 있는 것인가?

다행히 현행 민사집행법에서는 그 구제방법을 두고 있다. 구제방법으로는 매각결정이전에는 '매각허가에 대한 이의신청(제121조)', 매각허가결정의 확정 후에는 '매각허가결정의 취소신청(제127조)', 이러한 결정에 불복 시는 '즉시항고(제129조)', '항고(제130조)'의 규정을 두고 있다.

그렇다고 무슨 사유든 구제를 해주지는 않는다. 구제사유가 권리분석상에 낙찰자의 사유, 즉 과실이 없어야 하고, 민사집행법에서 정한 이유에 적합할 경우에 그 여부를 가리게 된다. 이

후 내용에서 한번 살펴보겠다.

매각불허가신청의 이의신청 사유

 낙찰자 입장에서 경매 함정에 빠졌을 때 첫 번째로 할 수 있는 방법으로는 '매각불허가신청'을 하는 것이다. 매각불허가신청은 매각 일로부터 1주 이내인 매각결정기일까지 해야 한다. 그러나 매각에 대한 이의신청은 그 이의사유를 7가지 이내로 한정해서 규정한다. 그 외에는 이의신청을 할 수 없고, 이의신청자 자신의 권리에 대한 이유만을 신청하도록 하고 있다.

제121조(매각허가에 대한 이의신청사유)
1. 강제집행을 허가할 수 없거나 집행을 계속 진행할 수 없을 때
2. 최고가매수신고인이 부동산을 매수할 능력이나 자격이 없는 때
3. 부동산을 매수할 자격이 없는 사람이 최고가매수신고인을 내세워 매수신고를 한 때
4. 최고가매수신고인, 그 대리인 또는 최고가매수신고인을 내세워 매수신고를 한 사람이 제108조 각 호 가운데 어느 하나에 해당되는 때
5. 최저매각가격의 결정, 일괄매각의 결정 또는 매각물건명세서의 작성에 중대한 흠이 있는 때
6. 천재지변, 그 밖에 자기가 책임을 질 수 없는 사유로 부동산이 현저하게 훼손된 사실 또는 부동산에 관한 중대한 권리관계가 변동된 사실이 경매 절차의 진행 중에 밝혀진 때
7. 경매 절차에 그 밖의 중대한 잘못이 있는 때

이와 같은 이의신청사유 중 한 가지만이라도 충족되면 이의신청이 가능하고, 그중에 5호의 매각물건명세서의 작성에 중대한 흠이 있는 때, 6~7호의 부동산에 관한 중대한 권리관계가 변동된 사실이 경매 절차의 진행 중에 밝혀진 사유로 인해 이의신청을 하는 경우가 많으니 자세히 살펴보도록 하자.

매각물건명세서 작성에 중대한 흠이 있을 때

『민사집행법제105조제2항』은 "법원은 매각물건명세서, 현황조사보고서 및 평가서의 사본을 법원에 비치해 누구든지 볼 수 있도록 해야 한다"라고 규정하고 있고『민사집행규칙 제55조』에서는 "매각물건명세서, 현황조사보고서 및 평가서의 사본은 매각기일마다 그 1주 전까지 법원에 비치해야 한다"라고 규정하고 있다.

이와 같이 경매 절차에서 매각물건명세서 및 현황조사보고서를 작성해 공시토록 한 취지는, 매수희망자가 경매 절차에서 매각 대상 부동산의 현황을 정확하게 파악해서 예상 밖의 손해를 입는 것을 방지하고자 함에 있다. 그래서 부동산 현황을 조사하는 집행관은 목적 부동산의 현황을 가능한 정확하게 조사할 주의의무를 부담한다.

따라서 집행관이 현황조사를 행함에 있어서 통상 행해야 하는 조사방법을 채택하지 아니하거나, 조사결과의 사실내용에 위법한 사항이 있거나, 오기나 착오 등 잘못된 부분을 충분한 검토 및 수정을 하지 않아 매각물건명세서상의 그 기재 내용과 목적부동산의 실제상황 간에 차이가 발생하는 경우에는 매각물건명세서 작성에 중대한 흠이 있는 것이 된다.

　이러한 중대한 흠이 있는 매각물건명세서를 비치하는 경우, 이는 낙찰자가 인수하는 부담이 달라지는 등 매각절차의 공정성까지도 해칠 우려가 있는 중대한 흠으로 매각불허가사유에 해당이 됨은 물론, 사안에 따라서는 국가에 배상을 청구할 수도 있다. 이에 대해 각기 다른 사항의 이의신청으로 불허가결정을 구한 사례를 판례를 통해 살펴보기로 하자.

| 사례 1 |

　매각물건명세서의 부동산 표시에 등기부상 목적물 외에 '미등기건물'이 있음을 아무 설명 없이 표기해서 미등기건물이 목적물에 포함된 것처럼 기재한 경우와 '지상권의 개요란'에도 토지와 건물이 다른 사람에게 매각되면 지상권이 설정되는 것으로 보게 될 여지가 있다고만 기재한 경우(대판 1991.12.27 91마608 참조)

| 사례 2 |

　선순위근저당권보다 앞선 일자로 임차인의 주민등록 전입신고가 되어 있음이 명백함에도 매각물건명세서나 이와 함께 비치하게 되어 있는 집행관의 현황조사보고서에는 임차인의 임대차에 관해 전입신고 여부가 '미상' 또는 '동사무소에서 확인 안 됨'으로 기재되어 있는 경우(대판 1995. 11.27 95마 1197 참조)

| 사례 3 |

매각물건명세서에 임차인의 전입신고 일자가 근저당일자보다 앞선 일자로 잘못 기재되어 있어 대항력이 있는 것처럼 보였는데 임차인이 배당요구 종기일까지 배당신청을 안 한 경우(대판1999.09.06. 99마2696 참조)

| 사례 4 |

매각물건명세서를 작성하면서 매각으로 소멸하는 '가처분을 소멸'하지 않는 것으로 기재한 경우(대판1993.10.04. 93마1074 참조)

위 사례의 판례에서 보듯 집행관의 매각물건명세서 작성 시에는 『민사집행법 제105조』에서 규정한 사항들을 필수적으로 기재해야 하는데, 그중에 일부라도 빠트렸거나 그 내용이 사실과 다르게 기재된 경우에는 『민사집행법 제121조 5호』에 따른 중대한 흠으로 보아 그러한 내용으로 이의신청 시 법원은 매각불허가선고를 통해 매수인을 구제하고 있음을 알 수가 있다.

매각허가결정의 취소 사유

어찌어찌하다 매각일로부터 7일간인 매각불허가신청기간을 놓쳤거나, 즉시항고기간이 지났어도 잔금납부 전까지는 구제 받을 기회가 있다. 이때에는 매각허가가 결정된 이후라서 매각 허가에 대한 이의신청, 즉 매각불허가신청이 아닌 매각허가결 정의 취소신청을 하게 된다. 매각불허가신청과 매각허가결정의 취소신청은 기간과 절차만 다르게 신청이 된다는 점에 차이가 있을 뿐 결국은 낙찰자가 위험에서 벗어나게 하기 위한 기회를 주는 셈이다.

제127조(매각허가결정의 취소신청) ① 제121조 6호에서 규정한 사실이 매각허 가결정의 확정 뒤에 밝혀진 경우에는 매수인은 대금을 낼 때까지 매각허가결 정의 취소신청을 할 수 있다.
② 제1항의 신청에 관한 결정에 대하여는 즉시항고를 할 수 있다.

부동산에 관한 중대한 권리관계 변동이 경매 절차 중 밝혀진 경우

『제121조 6호』에서 규정한 내용 중에는 특히 중대한 권리관 계의 변동으로 인해 어려움을 겪는 일이 자주 일어난다. 그중에 이른바 '경매 함정에 빠졌다'라는 말로 표현되는 대표적 사례라 할 수 있는 3가지의 유형을 검토해보자.

첫 번째, 확인되지 않았던 유치권에 의한 경우

유치권이란, '타인의 물건이나 유가증권을 점유한 자가 그 물건 또는 유가증권에 관해 생긴 채권을 변제받을 때까지 그 목적물을 유치해 채무자의 변제를 간접적으로 강제하는 법정담보물권이다(민법 제320조 1항).

이러한 유치권은 법정담보물권임에도 등기상에 등재도 없이 단순한 점유행위만으로도 그 권리를 주장하고, 전적으로 낙찰자가 해결해야 하는 경매에 있어서 암적 권리라 할 수 있다. 경매 입찰자의 보호나 공신력 차원에서도 시급히 법적 보완이 필요한 권리 중 하나다.

그런데 이런 암적 권리가 부동산 경매 절차에서 현황조사서나 매각물건명세서와 감정평가서 등 경매 사건 목록상에 유치권에 대한 조사나 내용에 대한 기록도 없고, 현장에서도 확인할 수 없는 상태에서 매수신청을 해서 최고가매수신고인으로 정해진 이후이거나 매각결정이 난 후에 유치권 행사가 확인된 경우가 문제다.

사례를 예로 들어보면

'갑'은 ○○개발(주) 토지를 2000년 3월 27일 53억 8,300만 원에 낙찰 허가결정의 확정을 받고 나서 ○○건설(주)에서 31억 8,000만 원의 토목공사대금에 대한 유치권 주장을 알게 된다.

낙찰 전 법원의 경매 사건 목록 어디에도 유치권의 기록도, 현장에도 유치권에 대한 행사가 없어 안심하고 입찰을 했고, 낙찰결정에 확정까지 받고 나서 알게 되자 '갑'은 『민사집행법 제126조 1항』의 규정을 근거로 매각허가결정취소신청을 한다.

이에 대법원은 『민사집행법 제127조』의 규정을 적용해 매각허가결정취소를 결정했다(대판. 2001.08.22 2001마 2652결정 참조).

두 번째, 대위변제에 의한 경우

대위변제란, 후순위권리자 또는 공동채무자 중 한 사람이 소유자 또는 채무자의 채무를 변제하는 행위로, 후순위임차인이나 근저당권자, 전세권자, 가등기권자, 가처분권자, 가압류권자, 지상권자 등의 등기상 권리자가 1순위 근저당의 채권을 변제해서 말소를 하고, 선순위권리자로 낙찰자에게 권리를 행사하는 경우를 말한다.

경매에서 주로 후순위임차인이 임차보증금의 손실을 최소화하기 위해 말소기준권리(주로 근저당권)의 채무액을 대신 변제하고, 순위를 변동해 보증금 확보를 위한 수단으로 이용되며 주로 말소기준권리인 근저당의 피담보채권이 소액인 경우에 발생한다.

예를 들어보면

1순위 근저당	3,000,000원	말소기준권리
2순위 임차보증금	50,000,000원	대항력 없는 임차인(소멸권리)
3처분금지 가처분		(소멸권리)
4가압류	50,000,000원	(소멸권리)

이와 같은 경우 1순위 근저당이 그대로 말소기준권리가 되면 후순위권리들은 소멸되어 권리를 상실하는데, 채권이 적은 1순위 근저당을 후순위권리자인 임차인이 대위변제를 하면 1순위 근저당은 말소가 되고 4순위 가압류가 말소기준권리가 되어 낙찰자가 후순위권리인 임차인의 보증금과 가처분을 부담하게 되는 것이다. 이러한 위험부담이 있어 권리분석 시에 말소기준권리의 피담보채권에 대한 분석을 반드시 해야 할 필요가 있는 것이다.

그러나 앞의 경우는 후순위권리자의 경매 신청 시에 해당하고, 1순위 근저당권자가 경매 신청권자일 경우에는 대위변제로 인한 피담보채권의 소멸과 그에 따른 근저당이 말소가 되면 경매 자체가 자동취소되어 이런 경우에는 입찰보증금을 반환받을 수 있다.

세 번째, 존재하지 않은 근저당으로 인한 경우

등기부상의 권리로는 존재하나 채무상환이 완료되어 실제로는 존재하지 않는 1순위 근저당이 낙찰 후 등기상 소멸로 인해,

말소기준권리의 순위변동으로 후순위임차인이 대항력 있는 선순위임차인으로서 낙찰자가 부담하게 되는 경우를 말한다.

사례를 들어보면

1순위 근저당권 1순위, 채권최고액, 3,750,000원, 말소기준권리
2순위 대항요건은 있으나 확정일자가 없는 임차인, 50,000,000원
3순위 근저당권 45,000,000원, 경매 신청권자 - 소멸권리
4순위 가압류 - 소멸권리

위와 같은 선순위근저당권으로 후순위임대차의 대항력이 소멸되는 것으로 알고 부동산을 낙찰받았다. 낙찰허가결정의 확정 후 잔금납입 전에 1순위 근저당이 소멸된 사실을 알고서 매각허가취소신청을 했고, 이에 법원은 선순위근저당권의 소멸로 인해 낙찰자가 대항력 있는 임차권의 부담을 지게 되었음을 이유로 매각허가결정의취소를 선고했다(대판 자98마 1031, 1988.08.24. 결정 참조).

즉시항고에 대해서

매각불허가에 대한 이외신청은 매각허가기일 이전에 해야 하고, 매각허가결정의 확정 뒤에 밝혀진 경우에는 취소신청을 할

수 있다. 반면에 즉시항고는 매각이 허가되었거나 불허가결정이 내려져서 그로 인해 손해를 보는 이해관계인이 그 매각허부결정에 대한 불복방법으로 인정되는 제도로, 매각허가결정 또는 불허가결정의 선고일로부터 1주일 이내에 항고장을 경매 법원에 제출해야 한다.

낙찰자 입장에서는 이의신청을 했는데 받아들여지지 않았거나 이의신청기간이 지났을 때 할 수 있는 방법으로, 매각결정 후 확정을 받기까지인 7일 이내에 다시 구제를 받을 수 있는 기회인 셈이다. 즉시항고는 매수인뿐만 아니라 이해관계인도 할 수 있다. 이때 이해관계인이란 '경매 절차상의 이해관계인'을 말하며 다음은 해당하는 자들이다.

---

1. 압류채권자와 집행력 있는 정본에 의해 배당을 요구한 채권자
2. 채무자 및 소유자
3. 등기부에 기입된 부동산 위의 권리자(단, 가압류와 가처분권자는 해당 안 됨)
4. 부동산 위의 권리자로서 그 권리를 증명한 사람

매각불허가결정에 대한 항고 시에는 보증을 제공하지 않지만, 매각허가결정에 대해 항고를 하는 경우에는 매각대금의 1/10에 해당하는 금전이나 유가증권을 공탁해야 한다. 불허가를 통해 구제를 받고자 하는 낙찰자 입장에서도 매각허가결정에 대한 항고를 하려면 역시 매각대금의 1/10에 해당하는 금전이나

유가증권을 공탁해야 한다.

  이러한 공탁 제도는 과거 법과는 달리 항고의 무분별한 남발로 인한 경매 절차의 지연을 방지하고, 그에 대한 피해를 방지하기 위해 아무런 이익이 없이 고의적으로 항고를 악용하는 악습을 없애기 위해 공탁을 제공하게 하면서, 만약 채무자 및 소유자가 한 항고가 기각되면 항고보증금을 몰수하게 하는 제도다. 예를 들어 매각대금이 10억 원이라면 10%의 공탁보증금 1억 원이 몰수되고 그 금액은 배당금으로 흡수된다.

  그러나 낙찰자의 항고가 기각되면 항고한 날로부터 결정된 날까지 대법원규칙이 정한 일정한 지연손해금(연 15~20%의 법정이자)을 공제 후 반환받는다.

민사집행법 제121조에 대한 대법원의 입장

대법원은 "매각허가에 대한 이의신청사유"를 규정한 『민사집행법 제121조제6호』에서 말하는 "부동산에 관한 중대한 권리관계의 변동"이라 함은 부동산에 물리적 훼손이 없는 경우라도 선순위 근저당권의 존재로 후순위 처분금지가처분 또는 가등기나 대항력 있는 임차권 등이 소멸하거나 또는 부동산에 관해 유치권이 존재하지 않는 것으로 알고 매수신청을 해서 매각허가결정까지 받았으나, 그 이후 선순위 근저당권의 소멸로 인해 처분금지가처분 또는 가등기나 임차권의 대항력이 존속하는 것으로 변경되거나 또는 부동산에 관해 유치권이 존재하는 사실이 새로 밝혀지는 경우와 같이 '매수인이 소유권을 취득하지 못하거나 매각 부동산의 부담이 현저히 증가해서 매수인이 인수할 권리가 증대하게 변동되는 경우를 말한다'고 판례에서 밝히고 이와 같은 이유로 매각허가결정취소의 신청이 있을 시 매각허가취소의 선고를 하고 있다(대법원 2010.11.30.자 2010마1291 결정 참조).

앞의 판결 외에도 법원은 낙찰자의 과실 없이 낙찰 후 이러한 『민사집행법 제121조』에서 규정한 경우가 발생 시에는 '매수인 보호 위주의 법 취지에 맞는 일관성 있는 한결같은 판결'로 법원 경매의 공신력과 공평성의 균형을 두고 있다.

입찰물건에 권리분석상의 하자가 없어 입찰을 하고 낙찰을 받았는데, 후에야 중대한 권리관계의 변동사실을 알게 되어 그 권리를 인수하거나 추가부담을 해야 하는 문제가 발생하게 된다면 억울하기 짝이 없는 노릇이다. 낙찰자의 책임이나 과실이 없이 낙찰을 받고도 법원에 납입한 매수신청보증금을 자칫 포기할 수밖에 없는 상황이 발생하게 된다.

그러나 지금까지 살펴보았듯이 이러한 일이 발생할 때 법원은 이의신청이나 즉시항고, 취소신청을 통해 구제할 수 있는 방법을 부여해주고 있다. 낙찰자가 낙찰 후 위험에 처했을 때 이러한 제도를 활용해 적절히 대응한다면 잘못된 낙찰로 인한 손해를 회복하는 데 도움이 되는 안전장치라 보고 입찰에 참여하면 된다.

06 왜 부동산 경매를 해야 하지?

우리나라 사람들의 재테크는 무엇으로 할까? 물어보는 것이 어리석을 정도로 가계자산의 70% 이상이 부동산이다. 세계적으로 보면 미국 30%, 일본 40% 정도의 수준으로 우리나라 사람들의 부동산 사랑은 유별나다.

잠자고 나면 아파트가 어느 지역은 얼마가 오르고, 어디는 하락하고, 분양 시장은 어떻고 등 관심도 뜨겁고 부동산 정보는 차고 넘친다. 대부분 가구의 전 재산이 부동산이다 보니 부동산에 관심이 그만큼 클 수밖에 없다.

대한민국에서 사는 한 부동산에 대해 긍정적이든 비판적이든, 좋든 싫든 부동산에 대해 알아야 한다. 그래서 부동산 시장은 언제나 따끈따끈하다. 우리 생활의 큰 부분을 들었다 났다 한다 해도 틀린 말은 아니지 않은가. '믿을 건 부동산밖엔 없다'란 말이

친숙하게 들릴 정도로 부동산이 재산의 큰 비중을 차지하고 있는 것이 현실이기 때문이다.

부동산 경매를 왜 하는지 답이 나왔나? 재테크 방법이 무엇이 가장 좋은지에 대해 알면 그것이 바로 답이 아닐까?

2019년 KB금융에서 발표한 한국부자보고서 내용에서 장기적으로 유망한 투자처로 빌딩, 상가, 거주주택, 토지, 임야 등 부동산이라고 응답한 경우가 가장 많았다고 한다. 그리고 이 조사 자료에 의하면 부자 가구가 부를 늘릴 수 있는 첫 번째 동력은 '저축능력'이고, 두 번째가 '종잣돈'의 활용이라 한다.

부동산 거래의 대표적인 것은 매매다. 경매도 부동산 거래의 한 방법으로, 일반 거래와 달리 매수금액을 내가 정하고 매도자는 법원일 뿐이다. 경매 시장에는 가장 인기 있는 아파트를 비롯한 주택이나, 상가, 공장, 토지 등 다양한 종목과 가격대의 물건이 언제나 나온다.

부동산 경매는 가장 좋은 재테크 방법으로 해볼 만하다. 가격도 다양하고, 원하는 물건이 언제든 나오고 있고, 선택만 하면 되니 말이다. 하지만 대부분은 "돈이 없는데 경매는 무슨… 해보고 싶어도 그림의 떡일 뿐 엄두도 안 나네요"라고 말한다. 그러나 경매를 하는 사람들이 돈이 철철 넘쳐흘러 경매를 하는 게 아니다. 쌈짓돈 같은 '종잣돈'으로 하는 사람들이 대부분이다. 그런데 "그것도 없는데요. 경매로 부동산을 취득하고 재테크도 좀 하고 싶은데, 방법이 있을까요?"라고 물으신다면, 여기서 방법을 알아보자.

'종잣돈이 있어서 하든, 맨땅에 헤딩을 하든, 면장질도 알아야 하지'라는 말이 있듯 경매를 너무 모르고는 접근하기 어렵다. 지금부터 보고, 읽고, 이해하고, 평가할 줄 아는 능력을 키우기 위한 경매의 기초에 대해 알기 쉽게 설명해드릴 테니 믿고 따라오면 된다.

Part 02

경매,
무엇부터
시작해야 하지?

01 경매를 왜 시작했고, 목적이 무엇인지 알아야지!
02 목적이 정해지면 어떤 점이 좋을까?
03 취득 목적에 따른 종목 분류를 해보자
04 적은 '종잣돈'일수록 자금 계획은 철저히 하자!

01 경매를 왜 시작했고, 목적이 무엇인지 알아야지!

자신한테 결재를 받아라!

경매를 시작하기 전 먼저 왜 내가 경매를 시작하려 하는지 자신한테 결재를 받고 하자!

부자 경매 시작의 결재

1. 내가 경매로 부동산을 취득하려는 목적은?

1차 :

2차 :

2. 목적을 이루기 위한 나의 기준과 다짐은(마인드)?

3. 경매로 소정의 목표를 달성 후 하고 싶은 것은?

　지금의 읽기를 멈추고, 나는 무슨 목적으로 시간을 투자해서 별로 재미도 없는 경매 책을 읽으며, 없는 돈과 시간을 투자해서 경매를 하려 하는지 잠시 생각해보자. 생각이 모여 나에게 결재할 내용이 정해졌다면 서명을 해보자. 그것이 경매의 시작이다.

　경매를 하고자 하는 이유가 '실거주용 주택을 구입한다', '자영업을 위해 점포를 구입한다', '수익형 부동산을 구입한다', '투자용 부동산을 구입한다', 또는 '내 인생 흙수저에서 금수저로 바꿔보겠다'라는 생각으로 시작을 하려 한다면 그 이유가 곧 목표요, 목적이다.

　비단 경매뿐만 아니라 누구든 어떤 일을 시작할 때 반드시 어떤 절실한 이유와 목적, 그리고 기준을 세우고 시작한다. 목적은 일을 하는 데 바탕이고 동력이다.

　결국 경매를 오래 하고 더불어 재테크도 하느냐, 마느냐는 돈이 많고 적음도 아니고, 법 규정의 미비나 물건분석, 권리분석 등의 기본적 내용도 아닌, 목적을 이루려는 자신의 마인드에 있다는 사실을 직시하고, 만일, 흙수저에서 금수저로 바꿔보겠다는 그런 강한 욕구가 있어 그것을 목표로 시작을 했다면 그 뜻을 이루기 위한 자신만의 기준도 세우고 해야 한다.

경매를 하려면 무엇부터 시작해야 할까? 답은 나왔다. 경매를 해야 할 이유와 목적을 갖는 것이 첫 번째 시작이다. 자! 경매를 해야 할 이유와 목적이 생겨 결재까지 끝냈다. 내가 세운 기준에 따라 하면 된다. 포기하지 말고 끝까지 가보자!

02 목적이 정해지면 어떤 점이 좋을까?

경매에서 가장 어려운 일을 꼽는다면? 권리분석인가? 물건 찾기인가?

경매를 하는 데 가장 우선적으로 해야 할 일은 물건을 찾는 일이고, 더 나아가 어려운 일을 꼽는다면 그 역시 물건을 선별하는 일이다.

일반 거래에 있어서 부동산을 사기 위해 제일 먼저 물건을 찾듯이 경매도 마찬가지다. 권리분석도 수익분석도 가치분석도 물건이 있어야 하는 것이 아닌가!

그런데 취득하는 목적을 세우지 않고 막연하게 입찰할 물건을 찾는다면 한 달에 전국적으로 1만여 건씩 쏟아져 나오는 그 많은 물건 속에서 원하는 물건을 찾는다는 것은 정말 쉽지 않다. 그래서 초보자들이나 중급자들이 처음 물건 찾는 과정에서 어려움을 느끼고, 관심은 있으나 물건을 찾다 포기하는 경우도 생긴다.

그 원인은 바로 기본적 목적도 없이 남들이 하니까, 돈 번다니까, 돈 되는 물건이다 싶으면 해보겠다는 생각으로 종목 불문하고 엄청난 시간을 정보지와 씨름하다, 물건 찾다 질리고 지친다. 이러다 보면 선택해놓고도 판단도 제대로 못한다. 그만큼 물건 찾기가 어렵다는 것이다.

그러나 나는 왜 경매를 하는가! 그에 대한 이유와 목적이 정해지고 스스로가 결재를 했다. 그 목적에 맞는 물건을 찾으면 된다. 물건 찾기가 한결 쉬워지고 그렇게 경매가 시작되는 것이다.

이것이 포기하지 않고 경매 부자가 되는 사람들의 비법이다.

첫 번째, 목적에 맞는 종목의 물건을 선별 검색의 폭을 줄이며 불필요한 시간낭비를 줄이고 필요한 물건을 찾는 기술을 가지고 있다.

두 번째, 경매의 안목이 넓고 원하는 물건에 대해 기다릴 줄 아는 여유와 무리한 고가낙찰 등을 하지 않는다.

세 번째, 다른 사람이 투자하는 거, 버는 것, 안 버는 거, 신경 쓰거나 곁눈질 없이, 현재 나에게 가장 필요하고 내가 정한 목적에 맞는 투자를 지속적으로 한다.

네 번째, 경매에 대한 본인만의 원칙과 철학을 갖고 있고 즐기며 한다.

다섯 번째, 가용투자자금과 대출 원리금 상환 등 자금 계획을 철저히 세워 경매에 참여한다.

이러한 비법의 원천은 바로 정해진 목적이 있고 그 목적에 맞는 경매를 하기 때문이다.

03 취득 목적에 따른 종목 분류를 해보자

부동산 경매를 하는 이유와 목적에 따른 투자 종목의 분류

부동산 투자는 공급과 수요에 의한 부동산 시장의 흐름과 부동산 정책에 따라 투자 부동산의 종류나 종목에 많은 영향을 받는다. 그에 대한 반응은 경매 시장에서 먼저 알 수가 있다. 그런 시장의 흐름이나 부동산 정책에 역행하지 않는 선에서 투자 종목을 선택하는 것이 좋다.

부동산 투자는 크게 3가지로 분류를 하는데, 임대수익을 기본으로 시세차익까지도 감안한 수익형 부동산과 임대수익보다는 재개발·재건축, 택지개발이나 도로나 철도신설 등 성장 가능성이 있는 지역에서 시세차익을 감안한 투자형 부동산 그리고 거주를 목적으로 하는 거주형 부동산으로 분류를 한다.

수익형 부동산

임대수익이 나오는 모든 건물이 주 대상으로 아파트, 다세대주택, 다가구주택, 도시형생활주택, 오피스텔, 타운 하우스 등 주거용과 분양상가, 오피스상가, 근린상가, 아파트형공장(최근에는 지식산업센터라 칭함), 창고, 공장, 업무용 오피스텔 등 상업·업무용과 숙박용으로 여관, 모텔, 게스트하우스. 펜션 등 임대 가능한 모든 건물로 선택 폭이 넓다.

이런 수익형 부동산 투자가 목적이라면, 가까운 곳에서 먼 곳까지의 투자도 고려하며 자신이 잘 아는 지역을 투자 우선 대상 지역으로 생각해 물건을 찾아보고 차츰 넓혀나가는 전략을 짜는 것이 좋다. 자금 계획에 따라 종목을 선정하고 수익 대비 취득세나 보유세 등 지출 전반에 대한 수익률 검토와 향후 시세차익도 고려한 물건으로 선정하면 된다.

투자형 부동산

통상 시간에 투자하는 개념으로, 가치 투자라고도 한다. 주로 택지개발예정지 내의 부동산 또는 그 인근 부동산, 재건축·재개발지역 내의 부동산, 가격 상승이 기대되는 지역의 주택이나 상가, 교통망 호재가 있는 지역의 토지나 건물, 대기업 이전 예정지나 신규 산업단지 등 일자리가 많이 생길 만한 지역의 토지나 건물 등에 해당 지역의 개발정보와 정부의 정책 등을 최대한 수집 확보해 판단 분석하고, 자금 계획과 환금성을 고려해 종목을 선정한 후 투자해야 한다.

이러한 투자의 유형은 경매 투자의 로망이라 할 정도로 때로는 고수익과 빠른 환금성으로 경험이 많은 투자자나 자금의 여력과 유동성의 여유가 있는 투자자들이 즐겨 하는 방법이다.

거주형 부동산

나와 내 가족이 살 집을 마련하기 위한 목적으로 경매를 한다. 우리나라 사람들의 최고의 목표는 집주인 눈치 안 보고, 전월세 오를 걱정 안 하고, 나와 내 가족이 내 집에서 먹고 자고 발 편히 뻗고 사는 게 1차 목표이자 꿈이다. 무주택자들이 흔하게 하는 말로 다음과 같은 말이 있다.

"남들은 집 장만 잘하는데, 나는 왜 이렇게 힘든 거야?"
"돈 아껴 쓰고 겨우겨우 마련해서 집 하나 장만하려니 왜 이리 집값이 비싼 거야!"
"겨우 마련한 돈과 대출로 교통·주거환경·교육시설 등 마음에 드는 곳이 있어 살려고 하는데, 돈은 부족하고 500만 원이라도 집값을 깎아주면 사볼까 하는데, 깎아주지도 않고 난감하네."

경매가 싸다고 해서 무료 경매 사이트에서 물건을 찾아보니, 마침 사고 싶은 곳에 교통호재도 있고 해서 얕은 경매 지식으로 인터넷을 뒤져가며 겨우겨우 권리분석도 하고, 현장도 찾아가 매가도 알아보고, 입찰 당일 휴가까지 내서 법원을 찾아 시세정 보보다 10% 정도 저렴하게 참여한 인천에 사는 변○○ 씨가 있다. 그런데 이럴 수가. 마음에 드는 물건을 시세보다 조금이라도 저렴하게 살 수 있다는 기쁨도 잠시, 입찰자가 28명에 낙찰가가 감정가의 101%다. 도대체 왜 경매로 물건을 사는 건지 의구심이 들 정도다.

이것이 경매 시장의 진면목이다. 실망할 것도 놀랄 것도, 그렇다고 포기할 것도 없다. 어차피 조금이라도 시세보다 싸게 살 집을 매입하기 위해 경매 시장을 두드려야 할 것이다. 물건은 또 나오고 하니 관심을 갖고 마음에 드는 물건이 나오면 계속 두드려야 한다. 그렇다고 부화뇌동해서 비싸게 사지 말길 바란다. 비싸게 사는 사람은 다 그 정도의 가치가 있다 생각하고, 그만한 이유가 있어 사는 거다. 실수요자 입장에서 거기에 쫓아갈 필요는 없다.

경매 이 정도는 알고 하는 게 어떨까요?

경매 시장이라 해서 감정가(감정은 매각기일보다 6~10월 전에

하기 때문에 때로는 시세보다 싼 경우가 많다)보다 무조건 싸게 매각되지 않는다는 사실을 앞에서 통계자료와 함께 자세히 설명했다.

첫 장에서 제시한 서울 아파트 시장의 통계를 다시 보면 어떠한가? 2018~2020년 시기의 아파트 실거래 시장은 폭등 그 자체로 시장에 매물이 사라져 매도인 우위의 시장이되, 매물이 귀한 시장이 되고 가격은 하루가 멀다 하고 폭등하자 정부에서 강력한 규제가 계속 나오지 않았는가?

그러나 실물거래 시장은 2016년도 하반기부터 가격상승 조짐이 있었고, 경매 시장에서는 이미 감정가를 넘나드는 낙찰가가 시작되었음을 통계지표에서 보여주고 있다. 실물 시장도, 경매 시장도 이러한데 그런 시장 동향이나 흐름을 파악도 안 하고 "경매는 싸게 사는 맛에 하는 거야"만 외치며 입찰에 참여한다면, 실패할 확률이 그만큼 많아진다는 것을 염두에 둬야 한다. 경매 시장도 부동산 거래 시장의 한 부분으로 경기의 부침에 따라 매각율과 매각가율에 큰 차이가 있음을 알 수가 있다.

지금은 정보의 홍수시대다. 언론이나 방송 또는 각종 소셜 인터넷 매체, 또한 국토교통부, 한국감정원 등의 기관, 네이버나 다음 등 포털사이트에서도 빠르고 비교적 정확한 정보를 시시각각 제공한다. 조금만 관심을 가지면 최소한 부동산 경기의 동향과 부침 정도는 쉽게 알 수 있다. 그래야 경매 부자의 목적이든 내 집 마련이든, 어떤 목적과 이유로 어떤 종목의 경매를 하든 매각가율이 높으면 높은 대로, 낮으면 낮은 대로 상황에 따른 타이밍을 잡고, 입찰 여부를 판단하고 적정 입찰가격으로 참여할 수 있는 것이다.

목적에 따른 선택과 집중

재테크를 위한 투자 목적이라면 투자형 부동산(가치 투자)이냐, 수익형 부동산이냐를 정하고 그중에서 종목을 정해서 하는 것이 좋다. 아파트나 다세대주택, 단독주택 등 주택을 선택했다면, 주거용 부동산에만 집중해서 토지나 상가 등으로 곁눈질하지 말고 시작하는 것이 좋다.

다른 사람이 투자하는 종목은 커보이고, 자신보다 돈을 더 잘 버는 것 같다. 하지만 설령, 그렇다고 하더라도 신경 쓰거나 이것저것 하지 말고, 선택한 분야만 집중적으로 전념하는 것이 경매의 정석이다.

토지든 상가든 마찬가지다. 어느 종목을 선택했든 한 분야만 집중적으로 오랫동안 꾸준히 하다 보면 경매 부자가 되는 사람들의 비법이 생기고, 그것이 돈 버는 비법 중에 가장 정답이다.

04 적은 '종잣돈'일수록 자금 계획은 철저히 하자!

얼마가 있어야 경매를 하지?

예나 지금이나 많은 사람이 묻는다.

"경매를 해보려 하는데 얼마 정도가 있어야 시작할 수 있습니까?"

부동산은 토지 및 그 건축물을 말하는데, 용도별 종목이 너무 많다. 그중에 가장 많은 거래가 있는 것으로 토지의 28가지의 종목 중 대지, 전, 답, 과수원 등 농지와 임야가 있고, 그 많은 건축물의 종류 중에는 아파트, 다세대주택(통상 '빌라'라고 함), 연립주택, 단독주택, 다가구주택, 오피스텔 등 주거용과 상가, 근린상가, 근린생활시설, 상가주택 등 상업용 건물과 공장 등이 있다.

따라서 얼마가 있어야 하는지가 중요한 게 아니라 내 집 마련을 위해, 아니면 재테크를 위해 경매를 하고 싶다면, 내가 경매를 하려는 이유와 목적에 따라 가용할 수 있는 자금에 맞춰서 하면 된다.

즉, 적으면 적은 대로, 많으면 많은 대로 종잣돈의 크기에 따라 해보고, 없으면 길을 찾으면 된다. 결론은 '종잣돈'의 많고 적음이 아니라 경매로 소정의 목표를 달성해보려는 적극적 의지와 실행이 중요하다.

당장 입찰보증금이 없는데, 방법이 있을까요?

사는 동네에 다세대주택(빌라)을 하나 사고 싶은데 돈은 없고 해서 경매 물건으로 나온 물건은 있나, 가격은 얼마나 하나, 찾아보니 전용면적 11평 방 3칸짜리의 빌라 시세가 8,000만 원이다. 최저매각가격이 5,740만 원으로 떨어져 있고, 6,000만 원 정도면 살 수 있다 싶은 물건이라 마음에 들어 당장 사고 싶은데 입찰보증금이 없다.

경매 입찰할 때 필요한 것이 입찰보증금이다. 최저매각대금의 10% 이상(재매각 시에는 20~30%)으로 그 금액 이상을 내도 상관은 없지만, 1원이라도 부족할 때는 최고가 매수인으로 선정되어도 무효가 된다.

입찰보증금이 최저매각대금 5,740만 원에 10%면 574만 원을 준비해야 한다.

당장 돈은 없는데 입찰하는 경우는 맨땅에 헤딩을 하는 것과 같다. 경매 법원은 일찰 보증금 신청 시 현금, 수표뿐만 아니라 보증서로도 신청을 받는다. 바로 이런 제도를 이용하는 것이다. 이 보증이용방법을 누군가는 '맨땅에 헤딩하기'라고 한다.

방법을 알아보자

서울보증보험에서 취급하는 상품의 하나로 본인의 신분증, 도장, 경매 물건에 대한 기본 서류(최저입찰가가 기재된 경매 물건 명세서)를 지참하고 가까운 영업지점에 경매보증보험을 신청하고 증권을 발급받아 현금 대신 매수신청보증금으로 제출하면 된다.

보험요율은 보험가입금액(보험가입금액은 입찰대상 물건의 최저매각금액 기준) 대비 산정하는데, 부동산의 종류에 따라 차등 적용한다.

아파트	건당 0.65%
다세대주택(빌라), 연립주택, 단독주택, 근린상가	건당 1.3%
상가, 오피스텔, 주상복합건물, 공장, 등 기타 건물	건당 3.34%
대지, 농지, 임야, 잡종지 등 기타 토지	건당 2.9%

(위의 요율은 개인 신용도나 시점에 따라 다소 차이가 있을 수 있는 참고용으로 정확한 내용은 상담이 필요)

보험료 계산해보기

입찰보증금은 최저매각금액 5,740만 원의 10%인 574만 원이 된다.

입찰보증금(574만 원)×다세대요율(1.3%)=74,620원

이와 같이 보증금 574만 원 대신 보험료 74,620원으로 증권을 발급해서 기일입찰서와 함께 제출해 입찰에 참여할 수 있는 방법이 있는 것이다.

자료2-1. 기일입찰표 양식

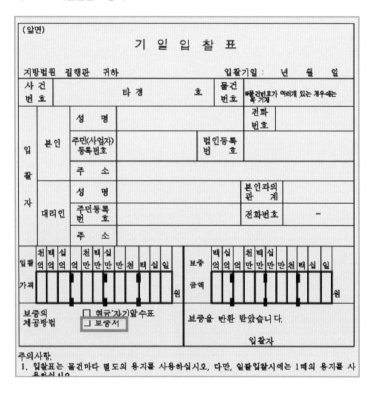

자료2-2. 경매보증보험증권 양식

자금 계획은 철저히!

경매에 있어 자금 계획이란, 경매 시작 전에 그 많은 부동산의
종류 중에 어느 종목, 어느 지역, 규모 또는 어느 가격대의 경매

물건에 투자할 수 있는가를 스스로가 가늠하는 척도로, 관심물건 선택 작업 전에 반드시 해야 할 전제조건이다.

예를 들어 계산을 해보면 낙찰대금 총 6,000만 원+등기비용 672,000원+예비비(명도비용 약 140만 원, 집수리비용 300만 원)라고 계산해보면 총인수 비용이 65,072,000원이 필요하다.

'외상은 소도 잡는다'라는 속담이 있다. 당장 돈 없이도 경매를 하는 방법이 있다 해서 보증서로 낙찰을 받아놓고 어떻게 할 텐가? '누울 자리 보고 뻗어라'란 말도 있듯, 사돈의 팔촌에게 돈을 빌리든, 보증서로 하든 앞에 말한 방법은 최소한 돈 나올 구석이 있을 때 하는 방법임을 잊지 말아야 한다.

시작 전 이것만큼은 반드시 짚고 가자!

첫 번째, 나의 여유자금은 얼마나 되는지, 가용할 '종잣돈'이 얼마나 되는지, 가진 돈을 체크해야 한다. 나의 신용도를 알고 있는 것도 필수다.

두 번째, 선택한 물건에 대출을 이용한다면 한도를 체크하고 가자. 부동산 취득에 있어 대출은 필수라 할 수 있다. 경매에서의 대출은 일반 거래보다 대출금이 유리한 관계로 대다수의 경매 투자자들은 낙찰 잔금을 대출로 활용한다. 개인의 신용도와 이미 대출금을 안고 있는지 여부에 따라 차등이 있을 수 있다. 통상 대출한도는 낙찰가가액의 70~90%지만 서울지역을 비롯한 투기지역, 투기과열지구 및 조정지역으로 묶인 지역은 40~50%로 낮기 때문에 이런 지역에 입찰할 때는 자금 계획을 더 신중하게 체크하고 진행해야 한다.

이같이 대출금의 정도와 '종잣돈'을 확인하고 선택한 물건이 감당할 수 있는 범위인지, 향후 인도 과정에 소요되는 비용이나 이자상환에 무리가 없는지 등을 판단 후 입찰에 참여해야 한다. 그래야 잔금을 납부 못해 입찰보증금을 몰수당하지도 않고 지속적으로 경매를 즐기며 재테크를 할 수 있는 것이다.

경매 물건의 선택 기준

거주용이 아닌 재테크가 목적이고, 종목은 아파트나 다세대 주택으로 시작해보려 할 때 '어느 지역이 괜찮을까?' 하고 지역 선정이 막연할 수 있다. 특히나 경매를 잘 모르는 상태라면 우선 쉬운 길로 가자. 내가 사는 동네이거나, 살았던 지역, 내가 조금이라도 아는 지역, 또는 평소에 관심을 가지거나 호재 정보를 알고 있는 지역의 물건을 선정해서 하면 그것이 최선의 선택이고 쉬운 길이다.

내가 아는 지역, 관심이 있는 지역을 정해서 투자하게 되면 실수도 줄이고, 또다시 그 지역의 물건이 나오거나 인근 지역의 물건이 나오면 환경, 교통, 가격, 시세 등을 이미 알고 있는 터라 현장조사 등에 많은 시간을 소요하지 않아도 간단하게 알 수가 있는 것이다. 돈 되는 지역은 멀리만 있는 것이 아니라 내 주변에도 얼마든지 있다. 굳이 쉬운 길을 두고 멀리서 찾지 말자는 이야기다.

이렇게 종목과 지역을 선정해서 투자하기로 했으면 곁눈질 없이 하는 것이 중요하다. '남의 떡이 맛있고 커 보인다'고 다른 사람들이 상가나 토지로 많이 벌었거나 말거나, 어떻게 하거나 말거나 신경은 꺼버리자. 내 기준, 내 원칙을 지키고 꾸준히 실행하는 것이 경매 부자들이 이구동성 말하는 경매 투자의 기본이고 성공으로 가는 길이다.

'사랑밖엔 난 몰라'라는 유행가 가사가 있다. 공장만 전문으로 하는 공인중개사에게 아파트를 사 달라 하면 "나는 공장밖엔 몰라" 하고, 아파트 전문 공인중개사에게 공장을 사 달라면 "나는 아파트밖엔 몰라" 한다. 알 수도 있고 할 수도 있지만 한우물을 파는 거다.

나의 컨설팅과 지도로 빌라부터 경매를 시작한 지인을 모처럼 만나 물었다.

"요즘은 어떤 종목에 주로 투자해? 아직도 빌라만 하나?"

"네! 빌라가 주 종목이잖아요."

"우아! 십여 년이나 지났는데도?"

"네! 딴 종목에 눈이 뜨였어도 빌라는 놓지 않아요. 그 종목으로 돈도 많이 벌고 지금도 괜찮아요. 처음 기초를 잘 알려주신 덕이고, 항상 고마운 마음 간직하고 있어요."

바로 이거다. 재야의 경매 고수가 되어도 여전히 한 종목을 파고 있다. 경륜이 있고 부동산에 대한 안목이 넓어져 모르기야 하겠느냐마는, 아직도 초심을 잃지 않고 경매 투자를 하고 있다.

꿩 잡는 새가 매라 했던가! 돈을 벌려고 작정하고 경매를 해서 벌면 그것이 경매 고수다. 이렇게 한 우물을 오랫동안 꾸준히 파다 보면 경험도, 지식도, 쌓이고 돈도 따라오리라 믿는다.

SECTION
02

경매의 기초

Part 03 경매의 시작은 물건부터 찾는 거지!

Part 04 물건을 찾았으니 권리분석은 해야지!

Part 05 권리분석의 주 대상, 임차인 권리 알기!

Part 06 배당에 대해서

Part **03**

경매의 시작은
물건부터
찾는 거지!

01 경매 물건 어디서 찾을꼬?
02 대법원 경매 인터넷사이트에서 물건을 찾아보자
03 사설 경매 정보 사이트에서도 찾아보자

01 경매 물건 어디서 찾을꼬?

경매를 하기 위해 제일 먼저 해야 할 일은 물건을 찾는 일이다. 경매 물건에 대한 정보는 대법원에서 제공하는 정보를 근간으로 시작된다. 법원에서는 매각물건의 매각기일 14일 전에 일간신문을 통해 공고를 하고, 기일 7일 전에 각 집행법원 경매계에 경매 사건 목록을 비치해서 일반인들에게 열람하도록 하고 있다. 이같은 정보를 바탕으로 각 사설정보업체에서는 경매 정보지도 발행 제공하기도 하고, 인터넷을 통해 다양한 검색기능으로 빠르게 물건에 대한 정보를 제공하고 있다. 이같은 정보제공 수단 중에 가장 빠르고 손쉽게 정보를 접할 수 있는 매체가 인터넷 정보다.

경매에 입찰을 하기 위해 인터넷에서 물건 찾는 방법은 크게 두 가지로 살펴볼 수가 있다. 첫 번째는 대법원 경매 정보(www.

courtauction.go.kr)에서부터 시작한다. 전국의 모든 물건을 사용료 없이 무료로 검색하고 이해관계인들의 문서접수나 송달내역, 배당요구서, 경매 진행 사항 등 경매 전반에 대한 정보를 검색할 수 있는 장점이 있는 반면, 권리관계 파악에 필요한 등기사항전부증명원 같은 서류를 입찰자가 직접 발급하고 분석해야 하는 등 경매 전반의 정보가 종합적으로 분석되지는 않아, 입찰 예상자들이 스스로 물건분석이나 권리분석 등 중요한 정보를 종합적으로 살펴봐야 하는 어려운 점이 있다.

두 번째로는 민간정보 인터넷사이트에서도 찾을 수 있다. 모든 민간정보업체에서 제공하는 경매 물건에 대한 정보는 대법원에서 제공하는 정보를 기본으로 해서 유료로 정보가 공개되는 반면, 입찰자가 입찰 예정 물건에 대해 필수적으로 해야 하는 물건분석, 권리분석, 수익성 분석 등 기본적 분석 외에도 유사 경매 물건, 낙찰사례, 매각가율, 실거래시세 등 다양한 검색 기능을 통해 법원정보에서 부족한 부분을 사용자들에게 정보를 제공하고 있다.

대부분의 경매 투자자들이 인터넷 경매 정보를 활용하고 있다. 유료사이트로 운영하는 사설정보업체가 제공하는 정보의 신속성이나 다양성과 정확성은 거의 대동소이하다. 그중 한 곳을 선정해서 대법원사이트와 같이 활용하면 정보의 정확성과 효율성을 높일 수 있다.

입찰자 입장에서 경매의 과정을 요약해서 보면

① 경매 물건 선정 → ② 권리분석 → ③ 현장조사 → ④ 적정 입찰가결정 → ⑤ 입찰 후 낙찰 → ⑥ 대금납부 → ⑦ 명도 → ⑧ (취득 목적에 따라) 입주, 임대, 매각 등 이러한 일련의 과정을 필수적으로 거치는데, 이런 과정의 주요 부분에 중요한 정보가 거의 다 있다 보면 된다. 그 속에서 물건을 찾고 그에 따른 정보를 보고, 읽고, 이해하고, 판단하고, 확인과정만 거치면 된다.

02 대법원 경매 인터넷사이트에서 물건을 찾아보자

대법원 경매 인터넷사이트에서 경매 정보를 검색하는 방법

집행법원은 경매 사건 목록(매각물건명세서, 현황조사서, 감정평가서)의 사본을 일괄 편철해 매각기일(입찰일) 1주 전까지 사건별, 기일별로 구분한다. 그 후 해당 경매계에 비치함과 동시에 대법원 경매 정보 사이트에 공고해 입찰하고자 하는 입찰자들에게 검색하도록 하고 있다. 대법원 경매 인터넷사이트(www.courtauction.go.kr)를 검색하면 다음과 같은 화면이 나타난다.

자료3-1. 법원 경매 정보

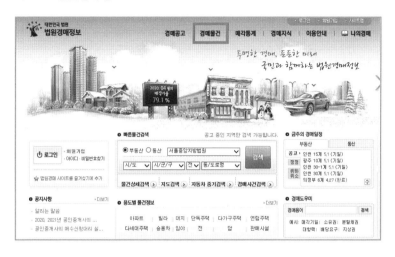

첫 화면의 상단 메뉴에서 경매 물건을 클릭하면 경매 물건 목차가 나온다. 그 메뉴 중 1) 물건상세검색, 2) 기일별검색, 3) 경매 사건검색, 4) 매각결과검색 등으로 입찰대상물건을 찾는데, 모두가 검색결과가 같아 그중 한 가지만 선택해서 해당 물건을 검색하고 확인 분석하는 방법으로 이용하는 것이 효율적이라 하겠다.

1) 물건상세검색

물건상세검색으로 검색을 할 경우에는 다음의 경매 물건 목차에서 물건상세검색을 클릭하고, 찾고자 하는 물건소재지의 해당 법원을 클릭하고, 물건의 분류를 차례로 클릭해서 찾아 검색한다.

자료3-2. 물건상세검색란

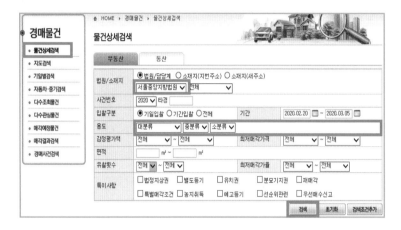

2) 기일별검색

경매 물건 메뉴에서 기일별로 검색을 할 시에는 좌측 화면의 목차에서 기일별검색을 클릭한 후 찾고자 하는 물건소재지 해당 법원을 클릭하면 매각 일정이 나오고 해당 경매계를 클릭해서 검색한다.

자료3-3. 기일별검색

3) 경매 사건검색

경매 물건 메뉴 하단의 경매 사건검색을 클릭한 뒤 원하는 법원을 클릭 후 사건번호를 입력해 검색을 한다.

자료3-4. 경매 사건검색

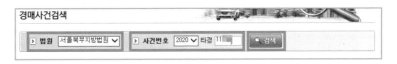

4) 매각결과검색

경매 물건 메뉴에서 매각결과검색을 클릭 후 매각하고자 하는 조건을 입력 후 검색하는 기능이다.

5) 지도검색

경매 물건 메뉴에서 지도검색을 클릭 후 물건검색, 지역검색, 관심물건, 관심 지역 등의 경매 물건을 검색하는 기능이다.

6) 관심물건등록검색

다른 검색란은 아이디 등록 없이도 검색 가능 하지만, 나의경매 아이콘을 사용하려면 아이디를 등록해야 사용할 수 있다. 아이디를 등록 후 초기화해서 상단 바에서 나의경매를 클릭하면, 관심물건, 관심사건, 나의설정, 일정관리 등을 일기장이나 메모장처럼 사용할 수 있는 기능이다. 물건을 찾는 과정에 관심이 가는 물건을 등록해서 시간을 절약하고 빠르게 검색하는 란으로 유용하게 사용하는 기능이다.

자료3-5 나의경매란

물건을 찾는 방법과 요령

이와 같이 법원 경매 정보 사이트 메뉴란에 각각의 다양한 정보가 수록되어 있어 확인하고자 하는 검색이 용이하도록 되어 있다. 그러나 물건선정이나 검색방법을 이 검색, 저 검색 살펴보다 보면 시간적으로나 효율성 문제로나 정보검색의 어려움이 생길 수도 있어 정보검색을 단순화해서 가장 필요한 검색만을 체크해 중복검색을 없애는 것이 정보검색의 요령이고 가장 좋은 방법이다.

예를 들면 취득 목적에 따라 종류나 종목을 정했으면 물건상
세검색, 기일별검색, 사건번호검색 등에서 한 가지만 선택해서
단순하게 검색하는 것이 시간을 절약하는 좋은 방법이다. 어느
메뉴를 선택해도 경매 사건 목록(매각물건명세서, 현황조사서, 감
정평가서)에 기록된 내용은 전부 같기 때문이다. 이러한 물건검
색방법 중 가장 많이 이용하는 물건상세검색 방법의 예로 살펴
보기로 하자.

물건상세검색 방법으로 물건 찾고 검색하기

네이버나 다음 등 포털 사이트에서 대법원 경매 정보 사이트
를 다운받고 로그인한 후 상단 바의 경매 물건을 클릭하면 첫 화
면에 물건상세검색란이 발생한다(자료3-2. 물건상세검색란. 참조).

① 원하는 지역의 법원을 클릭한 후
② 대분류, 중분류, 소분류를 차례대로 클릭해서 대분류에서
   는 토지, 건물 등 부동산의 종류, 중분류에서 주거용, 상업
   용 등 용도분류, 소분류에서는 아파트, 다세대주택, 상가 등
   종목, 이 중에서 원하는 물건을 선택하면 된다.
③ 그중에서 아파트로 시작하기로 결정하고 검색란을 클릭하
   면 찾는 물건들이 다음의 화면을 통해 나온다.

자료3-6. 진행 중인 아파트 경매 물건

☑	서울중앙지방법원 **2019타경2**▨ 2019타경102490 (중복)	1 아파트	서울특별시 강남구 영동대로 ▨1 9, 5층5▨호 (청담동, ▨2단지) 🚶 [집합건물 철근콘크리트구조 192.86 m²]		4,570,000,000 3,656,000,000 (80%)	경매10계 ● 2020.05.13 유찰 1회
☑	서울중앙지방법원 **2019타경4**▨	1 아파트	서울특별시 강남구 학동로▨ 31, 10 2동 3층3▨호 (청담동, 청담 ▨ 🚶 [집합건물 철근콘크리트조 224.3836		3,810,000,000 3,810,000,000 (100%)	경매8계 ● 2020.05.06 신건
☑	서울중앙지방법원 **2019타경6**▨	1 아파트	서울특별시 중구 동호로▨길 42-1, 5층5▨호 🚶 [집합건물 철근콘크리트조 59.99m²]		260,000,000 260,000,000 (100%)	경매7계 ● 2020.05.07 신건
☑	서울중앙지방법원 **2019타경6**▨	1 아파트	서울특별시 서초구 강남대로▨길 11, 14▨호 (서초동, 서초▨ ▨2) 🚶 [집합건물 철골철근콘크리트조 35.22 m²]		284,000,000 284,000,000 (100%)	경매10계 ● 2020.05.13 신건
☑	서울중앙지방법원 **2019타경103**▨	1 아파트	서울특별시 동작구 여의대방로▨길 1 0, 102동 14층14▨호 (대방동, ▨아 파트) 🚶 [집합건물 철근콘크리트 벽식조 84.9 2m² 공유자 최상철 지분 9분의 7 전 부]	지분매각, 공유자우 선매수 신고는 1회 에 한함	760,000,000 608,000,000 (80%)	경매10계 ● 2020.05.13 유찰 1회

자! 이제 관심물건 검색을 시작해보자

앞의 물건상세검색에서 공시된 아파트 중 검색하고자 하는 물건의 사건번호를 클릭하면 새로운 물건상세검색란이 나온다. 물건상세검색란에는 사건기본내역, 배당요구내역, 항고내역, 물건내역, 목록내역, 당사자내역의 내용이 나온다. 쭉 검색을 하고, 그중에서 물건내역란에서 물건상세조회를 클릭한다.

▣ 물건내역						
물건번호	1	› 물건상세조회 › 매각기일공고 › 매각물건명세서	물건용도	아파트	감정평가액 (최저매각가격)	3,810,000,000원 (3,810,000,000원)

물건상세조회를 클릭하면 물건의 기본정보를 검색할 수 있는 다음의 화면이 발생한다.

자료3-7. 물건상세검색란

여러 물건 중 선택한 물건의 물건상세검색란을 통해 사건의 기본내역인 사건번호, 물건번호, 물건종류, 최저입찰가격, 배당요구종기일, 매각기일, 물건소재지, 현황도와 관련 사진 등의 기본정보를 검색 확인한다.

선택한 물건에 대한 권리를 확인하는 방법

    법원에서 제공하는 권리확인의 기본 자료에는 매각물건명세서, 현황조사서, 감정평가서가 있는데, 이를 묶어 경매 사건 목록이라 한다.

자료3-8. 매각물건명세서

    경매 사건 목록의 3가지 서류는 각 서류마다 기재된 내용이 중요하지만, 그중에서도 가장 꼼꼼하게 살펴야 할 서류다. 그 이

유는 등기부나 임차인현황에 나오지 않는 권리관계까지도 표기를 해주기 때문이다. 특히, 낙찰자가 인수할 수도 있는 권리가 표기가 되기 때문에 매각물건명세서만큼은 볼 줄 알고 이해하고 판단할 줄 알아야 경매를 한다.

매각물건명세서는 등기사항전부증명원, 현황보고서, 감정평가서의 중요 정보들을 핵심요약 표기를 한다. 만약, 명시되지 않은 인수조건이 있거나, 기재내용에 중대한 흠이 있어 낙찰자에게 부담이 되는 사유가 발생할 때는 낙찰불허가사유가 되는 근거서류다.

매각물건명세서에서 꼼꼼히 살피고 확인하고 판단해야 할 주요 내용들은 아래 내용들이다.

1. 사건번호와 물건번호를 보고 검색물건인지 다시 확인한다.
2. 최선순위설정일자는 말소기준권리라 생각하면 된다.
3. 점유자란을 확인해 대상물건의 거주자가 누구인지, 소유자인지 미상인지, 임차인인지 확인하고, 점유자가 임차인일 경우 대항력 있는 선순위 임차인인지 배당요구를 기일 이내 신청했는지를 확인한다.
4. 등기사항전부증명원상의 권리 중 매각으로 소멸되지 않는 권리가 있는지 확인한다. 낙찰 후라도 소유권을 잃게 할 수 있는 권리들로 선순위소유권 이전청구권가등기, 환매등기, 가처분, 추가로 부담해야 할 배당요구하지 않은 선순위

전세권, 전소유자가압류 등이 기재되어 있는지 확인한다.

5. 비고란에는 등기사항전부증명서에 나타나지 않는 유치권, 법정지상권, 분묘기지권 등이 기재되고, 재매각이나 농지 취득증명원의 제출 여부 등 특별히 기재할 특별매각조건들도 기재가 된다.

자료3-9. 현황조사서

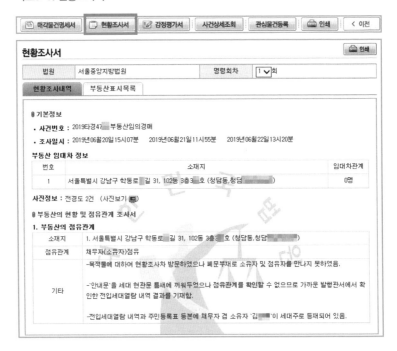

법원의 집행관이 경매 부동산을 직접 방문해서 기본 현황과 점유관계와 임대차관계를 확인해서 작성한 조사서다. 현황조사서의 주요 내용은 점유자가 임차인인지 소유자인지 또는 불법

거주자인지 등에 관한 사항을 조사하고, 임차인이 거주하고 있다면 전입일자, 확정일자, 보증금 등을 조사해서 작성한 것이다. 임대차현황조사보고서라고도 할 정도로 임차인 권리분석에 중요한 서류로 낙찰자 입장에서 향후 명도의 전략에 주요한 판단의 기준이 되는 자료로, 이 또한 소홀히 검색해서는 안 되는 필수 확인서류다. 또한 유치권의 성립여부를 확인할 수 있는 중요한 근거 서류로도 활용된다.

자료3-10. 감정평가서

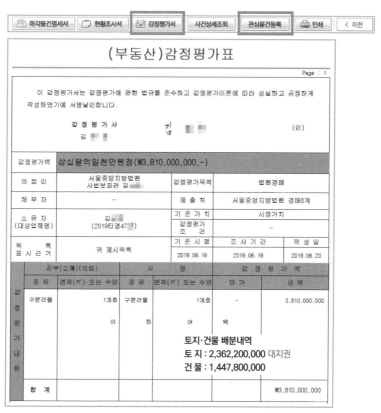

감정평가서에는 대상물건에 대한 가격과 물건에 대한 내부의 구조나 평면도, 외부사진 등의 현황과 주변 환경, 교통 등 평가가 자세히 나와 있고, 때로는 임대차현황도 기재가 되는 등 현장답사에 발품을 덜 수 있는 내용들이 첨부되어 있다. 특히 주요 확인사항은 집합건물에 있어서의 대지권의 평가액과 최초매각대금이 주요 확인사항이다.

아파트나 다세대주택 등 공동주택과 구분상가 등 집합건물의 대지권미등기나 대지권 없음의 권리는 임차인의 권리분석 못지않게 중요한 내용이다. 감정평가서를 근거로 그 권리의 유무를 판단할 수 있는 중요한 서류로 매각물건명세서상에 대지권의 권리가 불분명할 때에도 감정평가서의 평가로 권리분석을 할 수 있다.

경매 물건 내역서나 집합건물등기부에 대지권미등기의 기재가 있는데도 불구하고 자료3-10의 예시자료와 같이 감정평가서에는 대지권가격이 포함되어 감정평가가 되어 최초매각가격으로 입찰이 진행된다면, 대지권이 있다는 것이다. 낙찰을 받으면 내 돈 주고 땅 지분을 샀으니 등기하면 되는 것이다. 대지권이 없는 건지, 대지권은 있는데 미등기인지 불분명할 때에도 대지권가격이 경매 가격에 포함되었다면 이 또한 낙찰받고 등기를 할 수 있는 권리가 된다.

지금까지가 법원에서 제공하는 경매 정보를 통해 경매 물건을 찾고, 그 물건에 대한 기본 내역과 권리관계를 확인하고 검색할 수 있는 자료를 간단하게 설명했다. 그러나 법원에서 제공하는 정보의 정확성이나 사실관계와의 일체성에 대해 확인할 수 있는 현장답사나 등기부등본, 토지대장 등 지적공부의 열람과 확인은 입찰자의 필수 확인 과정이다.

선택한 물건의 기본 내역과 권리관계를 확인하는 검색란은 아니지만 입찰을 결정하고 입찰가산정을 위해서 동일 지역이나 인근 지역의 낙찰가 등을 조사해야 하는데, 그것은 물건상세검색란 하단에서 참고하면 된다.

자료3-11. 인근매각물건사례

● 인근매각물건사례

인근매각통계	인근매각물건	인근진행물건

기간	매각건수	평균감정가	평균매각가	매각가율	평균유찰횟수
3개월	2건	623,000,000원	729,605,555원	109%	0.5회
6개월	11건	1,339,636,364원	1,378,672,564원	103%	0.5회
12개월	24건	1,453,145,833원	1,473,391,930원	102%	0.5회

● 인근매각물건사례

인근매각통계	인근매각물건	인근진행물건

사건번호	용도	소재지 및 내역	감정평가액 (단위:원)	매각월	매각대금 (단위:원)
서울중앙지방법원 20**타경*******	아파트	서울특별시 강남구 언주로■길 [집합건물 철골철근콘크리트구조 163.28㎡]	2,000,000,000	2020.01	2,205,000,000
서울중앙지방법원 20**타경*******	아파트	서울특별시 강남구 개포동 [집합건물 철근콘크리트조 151.05㎡]	1,080,000,000	2019.11	1,043,800,000
서울중앙지방법원 20**타경*******	아파트	서울특별시 강남구 언주로■길 [집합건물 철골철근콘크리트구조 195.83㎡ 갑구2 번 공유자 민병■ 지분 2분의 1 전부]	1,530,000,000	2020.01	1,170,380,000
서울중앙지방법원 20**타경*******	아파트	서울특별시 강남구 삼성동 [집합건물 철근콘크리트조 84.87㎡ 갑구3번 공유 자 심정■ 지분 2분의 1 전부]	790,000,000	2019.11	842,008,100
서울중앙지방법원 20**타경*******	아파트	서울특별시 강남구 압구정로■길 [집합건물 철근콘크리트조 84.96㎡]	886,000,000	2020.02	1,134,100,000

이러한 통계자료를 보면 권리관계 분석만큼이나 중요한 자료임을 알 수가 있다. 매각기일 2020년 5월 기준으로, 대상물건 인

근 지역의 매각가율이 지난 1년간 감정가대비 100% 이상 매각이 되고 있는 사실을 확인할 수가 있다. 자료의 인근 지역 매각 사례를 통해 경기 동향에 따른 타이밍과 전략이 필요하다는 것을 잘 증명하고 있다,

오르는 때에 따라갈 건지, 숨 쉬고 가는 타이밍인지, 입찰가격의 적정성은 어느 정도로 해야 하는지를 정하는 여러 요인 중에 중요한 일부분이라 강조를 하는 것으로, 입찰 타이밍이나 입찰가격 등의 전략을 세워야 하는 판단의 기준으로 활용하는 자료다.

03 사설 경매 정보 사이트에서도 찾아보자

사설 경매 정보 사이트에서 운영하는 업체로는 태인(www.taein.co.kr), 스피드옥션(www.speedauction.co.kr), 굿옥션(www.goodauction.co.kr), 네이버, 다음 등 많은 경매 정보 사이트들이 있다. 사설정보업체 간의 물건분석이나 권리분석 등은 그다지 차이 없이 대동소이하다 볼 수 있다.

대법원 경매 사이트와는 달리 사설 경매 정보 사이트를 이용할 때에는 별도의 비용을 지불하지만, 법원에서의 부족한 물건에 대한 분석이나 권리분석, 수익성 분석을 할 수 있다. 각종 통계를 통한 적정입찰가 산출자료 등 입찰자들이 어려워하는 부분까지도 거의 빠짐없이 기록되어 재테크를 위해 경매를 지속적으로 하는 사람들이 주로 이같은 사설정보업체를 이용하고 있다.

대법원 경매 정보 사이트를 기본으로 검색을 하고 법원 정보의 물건분석이나 권리분석 등 부족한 부분에 대해 좀 더 세밀하고 자세한, 폭넓은 정보를 원한다면 유료정보 사이트를 정해 법원 정보지에서 부족한 부분을 찾으면 된다. 그러나 사설 경매 정보업체의 경매 정보가 신속하고 그 정확도나 신빙성이 날로 향상되고 높은 것은 사실이지만 오류 가능성은 항시 있어, 입찰자들 스스로의 확인 과정은 필수라는 것은 잊지 말자.

물건을
찾았으니
권리분석은
해야지!

01 권리분석이 꼭 필요한 이유
02 말소기준권리(등기)가 뭔지는 알아두자!
03 매수인이 인수하는 부담스러운 권리는 뭐가 있나요?
04 권리분석의 핵심, 등기부등본 상식적으로 알자!
05 집합건물 등기부의 대지권을 제대로 알고 가자!
06 토지별도등기란 어떤 권리?
07 전세권, 이 정도는 알고 가자

01 권리분석이
꼭 필요한 이유

부동산을 매입하기 위해서 우리는 반드시 해당 부동산의 권리에 하자가 있는지를 꼼꼼히 살펴보고, 매입여부를 판단해야 한다. 일반매매에 있어서는 매수인이 취득하려는 목적물에 하자가 있을 때 매도인이 하자담보책임을 지도록 민법에서 규정하고 있고, 개업공인중개사에 의해 매입을 했을 때는 중개사가 하자담보의 책임도 지게 되어 있지만, 경매에 있어서는 전적으로 매수인 본인의 책임이기 때문에 권리상의 하자 유무 확인을 위해 권리분석이 꼭 필요하고 중요한 것이다.

경매에 있어 권리분석의 핵심

최고가매수인이 되어 낙찰을 받고 나서 추가로 인수해야 할 권리나 추가로 부담할 금액 등이 있는지, 없는지 등을 분석하는 것이 권리분석의 핵심이다. 그 인수와 소멸의 권리를 찾기 위해서는 등기사항전부증명서(등기부등본)상의 기준권리를 찾아야 하는데, 그 기준권리를 말소기준권리라 한다. 또한, 대상 건물 점유자의 유형(임차인, 소유자)을 파악해 낙찰 후 명도상의 어려움이나 추가부담금이 발생하는지를 파악해서 입찰 여부와 입찰 금액을 결정하는, 경매에 있어서 가장 핵심적인 일이다.

그런데 사설 경매 정보 사이트에 회원 가입 후 입찰대상 물건을 찾고 검색해보면 권리분석이 전부 나와 있다. 물건의 기본내역, 감정내용, 임차인관계, 등기부상의 말소기준권리를 기준으로 한 등기상의 권리내용(자료4-1), 배당에 대한 권리분석(자료4-2) 등 중요한 내용이 인터넷상 정보에 전부 나와 있다.

자료4-1. 경매 물건 보기

소재지/감정서	면적(단위:㎡)	진행결과	임차관계/관리비	등기권리

출처 : 부동산태인(www.taein.co.kr)

위의 자료에서 보듯이 감정평가서의 감정가격(최초매각가격), 대지권의 표시(토지가격 참조), 물건의 소재지, 면적, 구조 등의 기본 내역과 교통, 주거환경, 등 입지요건상의 주요 내용, 진행 과정과 결과, 현황보고서상의 주요 내용인 임차인과 전입세대 의 사실관계와 관리비 체납유무 등의 내용, 매각물건명세서상 에 표기되어야 할 말소기준권리를 포함한 등기상의 권리 등 경 매 사건 목록의 주요한 내용인 물건분석이나 권리분석을 한눈 에 볼 수 있도록 요약 정리해서 입찰자들의 시간을 단축하며 판 단할 수 있도록 구성해놓았다.

Part 04 물건을 찾았으니 권리분석은 해야지!　　105

자료4-2. 예상배당표

* 입찰가정가 : 9,016만원 (최저경매가기준) + 1,288만원 (전입찰보증금) = 1억 304만원

단위 : 만원

권리	권리자	등기/확정일	전입/사업	채권액	채권배당금	미수금	인수여부	비고
법원경비	법 원	-	-			336	0	
압류	부천세무서	2018-02-13	-	체납상당액	교부청구액	0	말소	보기
압류	동구	2019-01-08	-	체납상당액	교부청구액	0	말소	보기
압류	부천시	2019-04-24	-	체납상당액	교부청구액	0	말소	보기
임차인	조■■■	2017-10-24	2017-10-31	1억 9000	0	1억 9000	인수	-
근저	(주)케이씨씨	2017-11-15	-	7,000	7,000	0	말소	말소기준권리
근저	(주)노루페인트	2017-12-13	-	5,000	2,967	2,032	말소	-
근저	천일페인트(주)	2018-01-05	-	1,000	0	1,000	말소	-
압류	국민건강보험공단(부천북부지사)	2018-06-19	-	-	0	0	말소	보기
가압	중소기업은행(여신관리부)	2019-02-20	-	1,009	0	1,009	말소	-

출처 : 부동산태인(www.taein.co.kr)

사설 경매 정보의 내용을 분석해보자

말소기준권리 등기부등본으로 확인하기

경매 물건 보기상의 (주)케이씨씨의 근저당이 말소기준권리가 맞는지, 그 기준에 따라 예상배당표상의 배당순위의 나열이 등기부등본상의 등기접수순에 따라 올바르게 표기되었는지, 집합건물등기부를 확인한 결과 정확하게 표기된 것이 확인이 된다.

11	근저당권설정	2017년11월15일 제422■호	2017년11월15일 설정계약	채권최고액 금70,000,000원 채무자 주식회사 ■■네트웍스 경기도 부천시 오정로■번길 24-31, 2층(삼정동) 근저당권자 주식회사케이씨씨 110111-■■■■ 서울특별시 서초구 사평대로 344 (서초동)
12	근저당권설정	2017년12월13일 제465■호	2017년12월13일 설정계약	채권최고액 금50,000,000원 채무자 배■■ 인천광역시 동구 송현로 ■, 114동 10■호(송현동,■■■가을주공아파트) 근저당권자 주식회사노투페인트 134111-■■■■■■ 경기도 안양시 만안구 박달로 ■■(박달동)

임차인관계 확인하기

앞의 자료에서 확인결과 말소기준권리(근저당설정일 2017.11. 15)보다 빠른 확정일자가 있는 선순위임차인(전입일 2017.10.31) 이 있다. 대항력 있는 임차인이라 한다. 전입세대 열람내역 확인 결과 정보의 내용과도 일치한다.

자료4-4. 전입세대 열람내역(동거인 포함)

권리분석에 가장 중요하다는 인수권리가 있는지 보자.

자료4-1 경매 물건 보기에서와 자료4-4의 전입세대 열람내 역으로 확인결과 대항력 있는 임차인으로 확정일자까지 받았으나 자료4-2 예상배당표에서 보듯 임차인의 확정일자가 말소기준권리보다 빨라 우선변제권이 있지만, 배당요구를 하지 않아 보증금 전액을 낙찰자가 인수해야 하고, 말소기준권리를 비롯한 후순위권리는 전부 말소되며 국세, 지방세 등 압류등기에 의한 교부청구액도 말소기준권리보다 법정기일이 빠르든 늦든 전부 말소된다는 내용으로 정확하게 표기가 되어 있다.

법원의 경매 사건 목록으로 확인해보기

자료4-5. 현황보고서

법원집행관이 현장조사로 작성한 임차인의 전입일자(2017.
10.31) 등 임대차 전반에 대한 현황조사내역과의 비교 확인결과
사설정보의 표기내용에 오류가 없음이 확인된다.

자료4-6. 매각물건명세서

인 천 지 방 법 원

2019타경10▩▩

매각물건명세서

사건	2019타경10▩▩ 부동산임의경매	매각물건번호	1	작성일자	2020.07.09	담임법관(사법보좌관)	한▩▩	
부동산 및 감정평가액 최저매각가격의 표시	별지기재와 같음	최선순위 설정	2017.11.15. 근저당권			배당요구종기	2019.06.18	

부동산의 점유자와 점유의 권원, 점유할 수 있는 기간, 차임 또는 보증금에 관한 관계인의 진술 및 임차인이 있는 경우 배당요구 여부와 그 일자, 전입신고일자 또는 사업자등록신청일자와 확정일자의 유무와 그 일자

점유자 성명	점유 부분	정보출처 구분	점유의 권원	임대차기간 (점유기간)	보증금	차임	전입신고 일자, 사업자등록 신청일자	확정일자	배당 요구여부 (배당요구일자)
조▩▩		현황조사	주거 임차인				2017.10.31		

〈비고〉
조▩▩ 2019.12.31.자 인천지방법원 등기국의 사실조회 회신에 의하면 이 사건 부동산 점유자 조▩▩는 확정일자임차인으로서 보증금 금1억9천만원, 확정일자는 2017.10.24.임.

※ 최선순위 설정일자보다 대항요건을 먼저 갖춘 주택·상가건물 임차인의 임차보증금은 매수인에게 인수되는 경우가 발생 할 수 있고, 대항력과 우선변제권이 있는 주택·상가건물 임차인이 배당요구를 하였으나 보증금 전액에 관하여 배당을 받지 아니한 경우에는 배당받지 못한 잔액이 매수인에게 인수되게 됨을 주의하시기 바랍니다.

등기된 부동산에 관한 권리 또는 가처분으로 매각으로 그 효력이 소멸되지 아니하는 것

매각에 따라 설정된 것으로 보는 지상권의 개요

비고란
- 특별매각조건 매수신청보증금 최저매각가격의 20%

주1 : 매각목적물에서 제외되는 미등기건물 등이 있을 경우에는 그 취지를 명확히 기재한다.
 2 : 매각으로 소멸되는 가등기담보권, 가압류, 전세권의 등기일자가 최선순위 저당권등기일자보다 빠른 경우에는 그 등기일자를 기재한다.

권리분석에 있어서 핵심서류라 할 수 있는 매각물건명세서상
에 말소와 인수권리의 기준이 되는 최선순위 근저당(2017.11.15)

과 확정일자(2017.10.24)가 있는 선순위임차인 조○○(전입일 2017.10.17)의 임차보증금 1억 9,000만 원이 인수될 수 있다는 표기내용을 확인할 수가 있고, 자료4-1 경매 물건 보기의 표기 내용이 이와 같음을 알 수가 있다.

자료4-7. 감정평가서

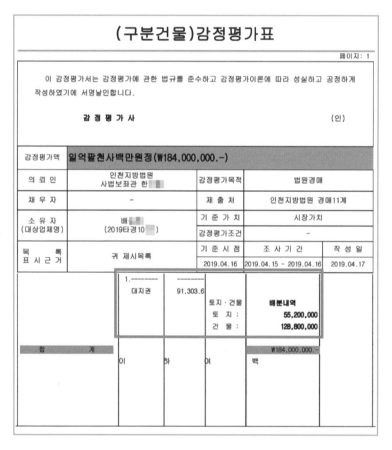

집합건물에 있어서 가장 중요한 대지권도 감정가에 포함되어 입찰가에 산정되어 있고, 자료4-1 경매 물건 보기의 표기내용이 이와 같음을 확인할 수가 있다.

지금까지 실제 진행 중인 물건을 선택해서 낙찰을 받기 위해 인터넷의 사설 경매 정보를 통한 권리분석을 함에 있어 그 시작과 끝이라 할 수 있는 등기부등본과의 비교분석, 법원의 경매 사건 목록과의 일치성 등 정확도에 대해 비교분석하며 권리분석을 하는 방법을 살펴보았다.

이것이 대항력 있는 임차인이 있는 물건에 대한 핵심 권리분석의 전부다. 경매 좀 하는 사람들한테는 사실 이 정도는 5분 안에 권리의 소멸과 인수여부에 대해 파악을 하고 현장답사를 거친 후 입찰 여부를 결정할 수가 있다 본다. 권리분석이 누워서 떡 먹기 정도라 할 수는 없다. 그래도 권리분석의 핵심만 알면 시간이 오래 걸릴 것도 없고 초보라도 어렵지 않게 할 수 있지 않을까?

우리는 1980~1990년대 아날로그 시대가 아니고 지능과 정확도가 뛰어난 AI시대에 살고 있다. 예전에는 입찰자 본인들이 치열하게 외우고 공부해서 권리분석을 했지만, 지금은 컴퓨터 자동 시스템이 분석해주는 것을 활용해도 되는 시대다.

프롤로그에서 "경매는 몰라도 경매는 한다", "배당 몰라도 경매는 한다"라는 말을 기술한 것도 그런 맥락이다. 치열하게 공부하는 경매를 강조하지 않고 제공된 물건의 권리분석과 모든 조건들을 "볼 줄 알고, 읽을 줄 알고, 상식선에서 이해하고, 부동산을 평가하고 판단"을 할 줄만 알면 "경매는 할 수 있다"라는 논리다. 그러나 "몰라도 경매는 한다" 해서 경매의 기초와 기본을 경시하거나 학습을 게을리하자는 이야기는 아니다. 경매를 하면서 "모르는 나도 할 수 있을까. 위험하다는데"라는 염려와 부정적인 생각을 갖지 말고 긍정적인 생각과 자신 있는 마인드를 가지고 해보자는 말이다.

만사 불여튼튼이다. 앞에 사례를 들어 설명한 것과 같이 99%는 법원이 또한 사설정보사에서 해당 전문가나 AI가 분석해서 제공한다고 보고 나머지 1%를 학습해보자.

02 말소기준권리 등기가 뭔지는 알아두자!

부동산 경매로 물건을 취득하기 위해서는 권리분석을 해야 하는데, 그 권리분석의 시작이 말소기준권리를 찾는 일이다. 말소기준권리는 등기사항전부증명서에 설정된 권리 중에서 찾아야 하는데 막상 등기부를 펼쳐놓고 찾으려면 다소 시간도 걸리고 난해한 경우가 많다. 경매로 나온 물건의 등기부를 보면 단순 간단한 등기부는 볼 수가 없고 얽히고설켜 헷갈리고 복잡하다. 특히 초보자 입장에서는 더더욱 그렇다.

그러나 그렇게 어렵게 찾으려 애쓸 건 없다. 사례로 설명했던 법원정보의 매각물건세서 자료4-6에서 보면 2017년 11월 15일의 것을 최선순위 근저당권으로 확인할 수가 있는데 이 권리가 말소기준권리다. 또한 사설 경매 정보에서 자료4-1의 경매 물건 보기와 자료4-2의 예상배당표에서도 말소기준권리를 쉽게 확인할 수가 있다.

군이 시간을 들여가며 등기부의 각종 권리에 대해 죽은 권리인지, 살아 있는 권리인지를 찾고 나열해가며 등기순위를 따지고 그렇게 애써가며 찾지 않아도 법원이나 사설 경매 정보사에서 제공한 권리를 보고 확인하고 판단만 하면 된다. 하지만 독자 여러분은 이 책을 보고 있으니 알고는 가자. 우선 어떤 권리들이 말소기준권리가 되어 등기부등본상에 설정된 권리의 운명을 가르고 낙찰자에게는 어떤 영향이 있는지 구체적으로 살펴보도록 하자.

말소기준등기(권리)의 개념

말소기준권리는 경매 물건의 매각 시 부동산등기사항전부증명서에 설정되어 있는 권리를 낙찰자가 떠안는 권리가 있느냐, 아님 전부 말소되는 권리냐로 나뉜다. 즉 인수와 소멸의 기준권리가 되고, 또한 임차인의 대항력 유무를 가름해서 임차보증금의 추가부담이나 전액인수를 결정하는 권리로, 대상물건을 취득하느냐 마느냐를 결정하는 중요한 기준권리다. 이는 등기부에 기재된 7가지 종류의 권리로 구분하고 있다.

말소기준권리(등기)의 종류를 눈으로 읽히자

『민사집행법 제91조』 인수주의와 잉여주의의 법적 규정에 의한 말소기준권리가 되는 권리로는 저당권, 근저당권, 담보가등기, 경매기입등기, 압류, 가압류, 전세권(제한적 권리)이 있는데, 이 중에서 설정일자(등기접수일)가 가장 빠른 권리가 말소기준권리가 된다.

1. 저당권

'저당권'은 돈을 빌려주는 대신, 담보로 제공된 부동산에 대해 후순위 채권자보다 먼저 돈을 돌려받을 수 있는 권리로, 채권자가 채무자 또는 제3자(물상보증인)로부터 점유를 옮기지 않고 그 채권의 담보로 제공된 목적물(부동산)에 대해 설정하는 약정 담보물권을 말한다.

2. 근저당권

'근저당권'은 저당권 중 하나로, 채무자와의 계속적인 거래계약 등에 의해 발생할 수 있는 장래의 채권, 즉 이자상당액을 일정한 한도 내에서 담보하는 저당권이다. 부동산 담보대출은 거의 근저당으로 통상 120~130%의 채권최고액으로 설정하는 담보물권을 말한다.

3. 가압류등기

'가압류'란, 법원이 채권자를 위해서 나중에 강제집행을 할 목적으로 채무자의 재산을 임시로 확보하는 것을 말한다. 금전거래에서 다툼이 있을 시 채권자가 강제집행을 하기 전에 재산을 숨기거나 팔아버릴 우려가 있을 경우에 금전을 변제받을 목적으로 '임시로 압류를 해놓는 행위'를 말하며, 권리의 변동을 목적으로 하는 가처분과 가등기와는 구별된다. 가압류는 말소등기권리지만, 채무자로부터 돈을 받기 위해서는 소송을 통해 승소 후 집행권원(압류)을 확보한 뒤 경매를 신청할 수 있다.

4. 압류등기

'압류'란, 돈 받을 권리가 있는 사인 또는 국가기관 등의 신청으로 국가기관이 강제로 다른 사람의 재산처분이나 권리행사 등을 못하게 하는 것이다. 금전채권에 관해서 강제집행의 제1단계로서 집행기관이 먼저 채무자 재산(물건 또는 권리)의 사실상 또는 법률상의 처분을 금지하고 이를 확보하는 강제행위를 말하는데, 부동산 또는 선박의 압류는 집행법원의 강제경매의 개시결정(민사집행법 83·172조) 또는 강제관리의 개시결정(민사집행법 164조)을 채무자에게 송달함으로써 행해진다.

5. 경매개시기입등기

'경매개시기입등기'는 채권자가 집행법원에 경매 신청을 하게 되면, 법원은 경매 절차의 개시결정을 하고, 직권으로 그 사유를 등기부에 기입할 것을 관할 등기소의 등기공무원에게 촉탁하게 된다. 이때 등기부에 기재되는 것이 경매개시결정등기이며 이때부터 경매 목적물에 대한 압류의 효력이 발생하고, 앞선 권리가 없을 시 말소기준권리가 된다.

6. 담보가등기

'담보가등기'란 돈을 빌려주고 못 받을 경우에 해당 부동산을 이전하겠다는 담보계약을 맺고 가등기를 해두면, 그 이후에 설정된 물건에 대해 우선하는 권리가 담보가등기다. 소유권을 이전받기보다는 채권보전을 위한 목적으로 경매할 때는 저당권과 같은 효력을 갖는다.

7. 전세권등기(제한적 권리)

건물 전체에 설정된 최선순위전세권으로 배당요구를 했거나, 경매 신청을 한 경우, 이러한 조건이 충족이 되면 말소기준권리가 된다. 선순위전세권이 이러한 조건을 갖추지 못해 말소기준권리가 안 될 때는 매수인이 부담해야 하는 위험이 있어 선순위전세권이 있는 물건은 배당요구, 경매 신청의 사실을 꼼꼼히 확인해야 한다.

이상의 권리 중 등기부에 가장 먼저 기재된 권리, 즉 접수번호가 빠른 권리가 말소기준권리가 되고 후순위권리는 전부 소멸된다.

경매 절차상 말소기준권리의 역할은!

첫 번째로는 등기사항전부증명서상에 접수번호가 가장 빠르게 설정된 권리를 기준으로 권리의 선후순위를 따져 선순위권리는 인수를, 후순위권리는 말소기준권리와 함께 전부 소멸시키는 권리의 역할을 한다.

법원 경매의 특징은 민사집행법 제91조『인수주의와 잉여주의의 선택 등』의 규정에 따라 인수·소제·잉여의 3가지의 기능을 두고 있는데 이 규정이 말소기준권리의 근거가 된다. 인수는 낙찰자가 인수하는 권리를 말하고, 소제(소멸)는 낙찰로 인해 소멸되는 권리다. 잉여는 경매 신청자의 배당금이 없을 시 집행법원이 해당 물건의 매각을 직권으로 취소하는 것을 말한다.

두 번째로는 임차인의 대항력 여부, 대항력 있는 임차인(선순위임차인)인지, 대항력 없는 임차인(후순위임차인)인지를 가리는 기준이 된다.

임차인이 대항력이 있느냐 없느냐는 주택이든 상가든 권리분석의 핵심이라 할 수 있다. 말소기준권리보다 먼저 대항요건(전입신고+전입)을 갖추었으면 대항력 있는 임차인이 되어 배당신고나 확정일자여부에 따라 낙찰자가 임차보증금을 부담할 수 있다. 이러한 기준에 의해 매각대금완납 후 점유자에 대해 인도명령 대상인지 인도소송 대상인지도 구별된다.

세 번째로는 말소기준권리가 근저당, 담보가등기, 전세권일 경우 소액보증금에 적용되는 임차인인지 여부를 판단하는 기준이 된다.

　계약일 당시의 소액보증금 기준이 아닌, 해당 물건의 최초 담보물권설정일 당시의 소액보증금의 기준일로 이 3가지의 권리가 적용된다.

03 매수인이 인수하는 부담스러운 권리는 뭐가 있나요?

매각으로도 소멸되지 않는, 알아도 어려운 권리들

지금까지 설명한 저당권, 근저당권, 담보가등기, 경매기입등기, 압류, 가압류, 전세권등기(제한적 등기)와 같이 매각으로 소멸되는 말소기준권리를 알아보았는데, 이런 권리 외에도 상당히 많은 권리의 종류들이 경매 절차에서 물건의 종류나 종목에서 등장한다. 이러한 말소기준권리를 포함해서 가등기, 가처분, 환매등기, 지상권, 지역권, 임차권등기는 등기부등본상에 기재가 되어 있는 권리들이고, 등기부등본상에 기재가 안 되는 권리로는 유치권, 법정지상권(관습법상 법정지상권 포함), 분묘기지권, 입목지상권, 임대차, 불법건물 등이 있다. 어느 권리든 목적과 권리 성립의 특성이 전부 달라 어렵다.

등기부에 기재가 되어 눈에 보인다 해서 쉽고, 등기부에 없는 권리라 해서 어려운 게 아니란 말이다. 등기부에 있든 없든 매각으로 인해 소멸되는 권리인지, 낙찰자가 인수하는 권리인지에 따라 어렵고 쉽고가 판가름 난다.

결국, 권리를 인수한다는 것은 매각대금납부 후 소유권을 취득했어도 소멸되지 않는 권리로 인해 소유권을 잃게 되거나, 소유권은 상실하지 않더라도 권리 자체를 떠안아 이용이나 관리, 처분 등 재산권 행사에 제약을 받게 되거나, 금전적 손실을 보는 등 이러한 부담을 떠안게 된다.

매각으로 소멸되지 않고 매수인이 인수하는 권리의 유형

매수인이 소유권을 잃을 수 있는 권리

말소기준권리보다 등기상 접수일자가 빠른 선순위권리는 순위보전을 위한 소유권 이전청구권가등기, 처분금지가처분, 팔고 다시 산다는 환매등기, 예고등기(2011. 04.12 등기법개정으로 폐지, 그 이전에 설정된 권리에 해당)가 그 대표적 권리들이다.

말소기준권리보다 후순위권리는 건물철거 및 토지인도청구가 처분, 선후순위 불문하고 경매개시기입등기 전에 청산절차가 완료된 담보가등기, 폐지 전에 설정된 예고등기 등이 해당된다.

매수인이 추가로 돈을 부담을 해야 하는 권리

가장 많이 발생하는 경우가 대항력 있는 임차인이 배당요구를 안 했거나, 배당요구를 했어도 배당요구종기일 이내에 철회를 하는 경우다. 권리확인 과정에 소홀히 해서 낙찰을 포기하는 사례가 왕왕 발생하므로 가장 유의해야 할 부분이다. 그리고 선순위전세권자가 배당요구나 경매 신청이 없을 때는 말소기준권리로 소멸되지 않고 매수자가 부담하게 되며, 선순위임차권에 의한 임차보증금과 유치권도 매수인이 추가로 부담해야 할 권리들이다. 때에 따라서는 전 소유자의 가압류도 부담해야 하는 경우도 있다.

매수인이 사용 제한을 받는 수 있는 권리

법정지상권, 분묘기지권, 선순위지상권, 선순위지역권, 토지별도등기, 특별매각조건상의 매수인인수조건 등이 이에 해당하는 권리들이다. 경매에서는 매수인이 인수해서는 안 되는 물건 또는 추가로 부담하거나 사용제한을 받는 이러한 권리가 붙은 물건들을 '특수물건'으로 취급한다. 이러한 특수물건들은 상당히 많은 돈을 주고 소유권을 취득했는데도 불구하고 소유권을 잃거나 상당한 손해를 볼 수 있는 무서운 권리로, 위험을 감수하거나, 권리분석에 자신 있거나, 긴 소송을 각오한 사람들이 하는 고난도 문제풀이 물건이다.

고난도 물건이지만 어떤 물건이든 힘들기는 마찬가지라는 마인드로 '이왕이면 다홍치마요', '위험한 장사가 돈이 남는다'라는 논리로 투자하는 사람들도 많이 있다. 그러나 권리관계가 비교적 쉬운 물건을 선별해서 투자를 해도 수익을 낼 수 있는 것이 경매의 장점인데, 군이 위험을 감수하며 모험을 할 필요가 있는지에 대한 답은 충분히 있다고 본다. 왜 할 만한지는 이후 다른 책에서 자세히 설명하도록 하겠다.

그러나 초보자 입장에서는 어려운 물건에 도전하기보다는 위험한 것은 걸러내고, 쉬운 만큼 수익이 적게 나지만 권리분석이 비교적 쉬운 물건 위주로 경매를 즐기며 하는 것이 좋을 듯하다. 그래야 경매를 지속적으로 할 수가 있다.

04 권리분석의 핵심, 등기부등본 상식적으로 알자!

친해져야 할 등기사항전부증명서(등기부등본)

부동산을 거래할 때나 전월세를 얻을 때, 친해져야 할 서류가 바로 등기부등본이다. 일반 거래에 있어서는 공인중개사가 등기부등본상의 권리를 자세하게 검토해 확인시켜주지만, 경매에 있어서는 입찰자 스스로가 확인하고 권리분석을 해야 한다.

등기상의 권리를 등기접수날짜가 빠른 순서대로 간단하고 쉽게 정리해서 자료를 제공하는 경매 정보 사이트를 통해 말소기준권리 등 권리분석을 빠르게 파악할 수 있지만, 그럼에도 불구하고 입찰자 스스로가 확인할 줄 아는 것이 좋다.

앞에서도 설명했지만, 경매 정보 사이트에서의 권리분석이 99%가 맞는다고 해도, 단 1%의 책임은 오로지 입찰자에게 있기 때문이다. 등기부등본열람은 부동산태인 사이트 기준 경매 물건보기 하단의 '집합건물등기부확인' 아이콘을 클릭해서 등기부를 확인하면 된다. 그러나 유료경매 정보 사이트에서 제공하는 등기부도 정확하지만, 발급시점의 차이가 있어 검색시점의 등기사항 변동여부 등을 좀 더 확실하게 알고 싶다면, 가까운 등기소나 대법원 인터넷등기소에서 직접 발급받아 확인하면 된다. 일반 거래에 있어 계약금, 중도금 지불, 잔금 지불 때 각 시점마다 등기부의 권리사항을 확인하듯 경매에 있어서도 등기부등본의 확인은 필수다.

인터넷등기소에서 등기부등본열람, 발급하기

네이버나 다음 등 사이트에서 인터넷등기소를 검색해 회원가입 후 열람이나 발급하기 등 원하는 아이콘을 클릭해서 등기부등본을 확인하면 된다.

등기부등본의 종류와 구성

    부동산 등기부등본의 종류에는 토지등기부등본과 건물등기부등본이 있고, 아파트나 다세대주택, 연립주택, 구분상가 등 토지와 건물을 합친 집합건물등기부등본이 있다. 단독주택과 같은 집합건물이 아닌 단독건물에 있어서는 토지와 건물의 부동산 표시와 권리관계가 각각 따로 되어 있는 데 반해, 집합건물은 1개의 집합건물등기부로 토지 및 건물의 부동산 표시와 권리관계가 표시된다.

    등기부등본의 구성은 표제부와 '갑'구, '을'구로 구성되어 있다. 그러나 아파트나 다세대주택, 구분상가 등 집합건물의 등기부등본의 구성은 1동 건물 전체의 표제부와 전유부분의 표제부 2개 부분과 '갑'구, '을'구의 부분으로 구성된다.

집합건물등기부등본으로 알아보기

자료4-9. 등기사항전부증명서(말소사항포함) - 집합건물

【 표 제 부 】	(1동의 건물의 표시)			
표시번호	접 수	소재지번,건물명칭 및 번호	건 물 내 역	등기원인 및 기타사항
2		인천광역시 중구 신흥동2가 성진빌라 제비동 [도로명주소] 인천광역시 중구 서해대로 번길 22-13	철근콘크리트조 스라브지붕 4층 다세대주택 지층 88.73㎡ 1층 88.80㎡ 2층 88.80㎡ 3층 88.80㎡ 4층 88.80㎡	도로명주소 2019년11월5일 등기

(대지권의 목적인 토지의 표시)				
표시번호	소 재 지 번	지 목	면 적	등기원인 및 기타사항
1 (전 1)	1. 인천광역시 중구 신흥동2가	대	112.3㎡	1997년8월23일
2 (전 2)				1 토지만에 관하여 별도등기있음 1997년8월23일
				부동산등기법 제177조의 6 제1항의 규정에 의하여 1번 내지 2번 등기를 2002년 01월

【 표 제 부 】	(전유부분의 건물의 표시)			
표시번호	접 수	건 물 번 호	건 물 내 역	등기원인 및 기타사항
1 (전 1)	1997년8월23일	제1층 제101호	철근콘크리트조 37.50㎡	도면편철장 제129호
				부동산등기법 제177조의 6 제1항의 규정에 의하여 2002년 01월 22일 전산이기

(대지권의 표시)			
표시번호	대지권종류	대지권비율	등기원인 및 기타사항
1 (전 1)	1 소유권대지권	10분의 1	1997년7월18일 대지권 1997년8월23일
			부동산등기법 제177조의 6 제1항의 규정에 의하여 2002년 01월 22일 전산이기

표제부에서의 주요확인 사항

앞의 자료4-9는 표제부가 2개 부분으로 나누어져 있는 집합
건물등기부등본의 기본적인 표제부 구성과 내용이다. 단독소유

건물이든 집합건물이든 등기부상 표제부에는 토지나 건물의 소재지, 면적, 층, 호수 등 부동산의 표시내용이 기재된다. 그러나 건축물관리대장이나 토지대장 등 공부상의 부동산 표시와의 차이가 있을 시에는 등기부등본의 내용이 우선이 아니라 대장에 기재된 내용이 우선한다.

등기부등본의 주요확인사항은 부동산의 표시 확인보다는 소유권 등에 관련된 권리관계의 내용이 우선이다. 정확한 면적이나 동, 호수와 건물내역, 소재지 등 부동산의 표시를 확인하기 위해서는 대장으로 검색해야 한다는 것을 기본으로 알고 있어야 한다. 집합건물 표제부의 기재내용도 예외는 아니다.

그러나 집합건물표제부에서는 대장에서는 확인할 수 없는 권리관계에 중요한 내용이 기재된다는 것을 볼 수가 있다. 집합건물등기부등본에만 있는 권리관계의 공시내용이다. 자료4-9의 집합건물등기부의 1동의 건물의 표제부에는 건물총면적, 규모, 건물명칭, 내역, 소재지 등 건물 전체에 대한 부동산 표시를 기재하는 항목뿐만 아니라, 토지등기부등본을 대신하는 대지권의 목적인 토지의 표시 부분이 있다.

집합건물등기부의 '갑'구와 '을'구의 권리관계 확인보다도 우선으로 확인하고 분석해야 할 부분이 바로 대지권의 목적인 토지의 표시 부분이다. 이 부분에 대지권에 관한 등기가 없는 경우에 토지지분권이자 대지사용권인 대지권에 문제가 있다는 것으로 권리분석의 주 대상이다.

사례로 제시한 자료4-9의 1동의 건물표제부란의 대지권의 목적인 토지의 표시를 보면 대지권의 면적 112.3㎡로 표기가 되어 대지면적 전체에 대한 대지권이 있다는 것을 확인할 수가 있다. 만일 대지권에 하자가 있다면 1동 건물의 표제부에 대지권의 목적인 토지의 표시란 자체가 등기부에 기재되지를 않는다.

통상의 토지나 건물등기부등본에는 없는 부분으로 집합건물을 취득하기 위해 등기부등본을 검색한다면 가장 먼저 보아야 할 부분이 바로 1동 건물의 표제부에 대지권의 목적인 토지의 표시가 있는지부터 살펴보아야 한다. 그리고 등기원인 및 기타 사항란을 보면 '토지만에 관하여 별도등기 있음(줄여서 토지별도 등기나 별도등기라 표기되는 경우가 많음)'이라 표기되어 있다. 토지별도등기가 있다는 것은 대지권하고는 별개로 토지의 권리상에 하자가 있음을 알리는 중요한 공시내용으로 1동 건물의 표제부에서는 부동산 표시의 확인도 물론 해야 하지만, 대지권의 등기가 있느냐 없느냐와 토지별도등기가 있느냐 없느냐가 주요 확인 사항이다.

1동의 건물의 표제부 다음 항목인 전유부분에 대한 표제부에는 전유부분의 건물표시로 접수번호, 건물번호(층, 호수) 건물내역(구조와 전용면적) 등이 표시되고 전유부분에 대한 대지권의 목적인 토지의 표시란으로 구성된다.

전유부분에 대한 표제부에서도 중요하게 확인할 사항은 대지권의 목적인 토지의 표시가 되어 있느냐 없느냐가 주요 확인 사항이다. 자료4-9의 1동 건물의 표제부에서 대지권의 면적이 112.3㎡로 표기가 되어 1동 건물 대지전체에 대지권이 있다는 것을 확인할 수가 있었고, 전유부분에 대한 표제부에서도 대지권이 전체대지권의 1/10 지분에 해당하는 소유권대지권이 있는 것이 확인이 된다. 1동 건물의 대지에 대지권이 있다 해도 전유부분에 대지권이 없다면 대지권의 목적인 토지의 표시란 자체가 등기부에 기재되지를 않는다.

전유부분에 대한 대지권의 면적비율은 1동 건물 전부인 일단의 토지면적에 구분된 전용면적의 비율로 대지사용권을 갖게 되는데, 표기에 있어서는 비율의 분모가 대지면적만으로 하는 것은 아니다. 예로 제시한 물건의 전유부분의 대지권을 계산해 보면 전체대지면적 $112.3m^2$이고 비율이 1/10이므로 $11.23m^2$의 면적이 전유부분의 대지권이 되는 것이다.

'갑'구와 '을'구에서 살펴볼 내용

'갑'구와 '을'구란의 기재사항은 단독건물에 있어서의 기재내용과 같다. '갑'구에는 소유권 보존 및 이전에 관한 사항과 가등기, 가처분, 압류, 가압류, 경매기입등기, 환매등기 등 소유권의 제한사항 등과 변경, 소멸 등이 표기된다. 특히, 등기부상 소유자와 경매 부동산 소유자가 동일인인지 확인하고, 소유권 이전 청구권가등기 또는 담보가등기, 가처분등기나 환매등기가 있는지 살펴보고, '을'구란의 말소기준권리와의 등기접수날짜를 비교해서 선후순위를 가려 인수권리가 있는지 추가부담액이 발생되는지 등을 확인하고 경매 정보 사이트에서 제공한 분석 자료와도 비교해서 하자가 있는지 여부를 꼼꼼히 확인해 세밀하게 체크해야 한다.

'을'구란에는 소유권 외의 권리에 관한 사항으로 저당권, 근저
당권, 전세권, 임차권, 지상권, 지역권 등을 표기한다. 또한, 등
기원인란에는 '토지별도등기'가 있을 때에도 표기를 하는 경우
도 있다. '을'구란에 저(근)당권과 전세권이 설정되어 있다면
'갑'구란에 설정된 권리와 접수순위를 비교해서 선후순위를 찾
아 말소기준권리를 찾는 것이 중요하다. 또한 같은 '을'구란에
말소기준권리보다 선순위 지상권이나 지역권이 있는지도 확인
할 사항이다.

정리해 다시 설명하자면 '갑'구나 '을'구의 등기부에서 주말
(朱抹, 빨간색 실선)되지 않은 모든 권리 중에 근저당, 가압류, 압
류, 경매기입등기, 전세권(배당요구나, 경매 신청 시), 담보가등기
등이 설정되어 있다며 그 권리들을 나열해 그중에서 접수번호
가 가장 빠른 권리인 말소기준권리를 찾는다. 그러고는 말소기
준권리가 아닌 주말되지 않은 다른 권리들을 '갑'구나 '을'구에
서 찾아 나열 후 말소기준권리와 비교 선순위권리가 있는지를
찾아 인수되는 권리인지 소멸권리인지를 찾으면 되는 것이다.
이러한 등기부의 확인 과정이 물건을 찾은 후에 해야 하는 권리
분석의 시작이고 가장 중요한 부분이다.

이와 같은 권리확인 외에도 1순위 근저당의 채권액이나 경매
신청권자의 채권청구액을 살펴 그 금액이 감정가액에 비해 비
교적 소액이라면, 대위변제나 경매의 취하 가능성 여부도 검토

해야 한다. 특히 후순위 임차인의 대위변제로 대항력 있는 임차인으로 순위변동이 되는 경우가 왕왕 발생하는데, 말소기준권리보다 후순위권자의 대위변제에 의한 순위변동으로 자칫 경매함정에 빠질 수도 있고, 경매 취하로 인한 시간낭비 등의 헛수고가 발생할 수도 있기 때문이다.

이러한 부분은 어찌 보면 말소기준권리를 찾고 분석하는 것만큼이나 중요할 수 있다. 자칫 소홀히 하다가는 낙찰을 포기하고 매수신청보증금을 잃어버릴 수도 있고, 매각불허가신청이나 즉시항고 또는 매각결정에 대한 취소신청 등의 구제절차에 따른 상당한 시간적 소요와 스트레스를 받을 가능성이 충분하기 때문이다.

지금까지 등기부등본의 구성이나 각 항목의 기재내용과 중요부분에 대해 집합건물등기부등본 위주로 설명을 했다. 그런데 집합건물등기부등본을 살펴보면서 표제부의 기재사항인 부동산 표시보다도 더 중요하게 확인해야 할 부분이 있다고 강조하며 언급한 부분이 있다. 바로 대지권에 관한 내용이다.

대지권은 아파트나 구분상가 등에서 말소기준권리 찾는 것 못지않게 중요하다고 설명을 길게 했는데, 그 대지권이 뭔지, 표제부에 대지권의 목적인 대지권등기가 없을 때 목적 부동산에 대지권이 있는지, 없는지를 어떻게 구별을 해야 하는지, 대지권이 있고 없음에 따라 어떤 어려움이 있는지, 대지권에 대한 법원의 판단기준은 어떠한지 등을 알아보자.

05 집합건물 등기부의 대지권을 제대로 알고 가자!

　앞서 집합건물등기부등본을 살펴보면서 표제부에 기재되어 있는 대지권과 토지별도등기가 '갑'구나 '을'구의 권리만큼이나 중요하다고 강조했고, 말소기준권리보다도 먼저 확인하고 분석해야 할 권리라고 했다. 경매 물건 정보를 보면 의외로 아파트, 다세대주택, 주상복합건물 등 집합건물의 경매 물건 중에 '대지권'에 하자가 있거나 '토지별도등기 있음'이라 표기된 물건을 자주 보게 된다. 이 두 권리에 하자가 있는 물건을 통상 특수물건으로 분리하기도 하는데 이참에 파헤쳐보기로 하자.

대지권이란?

대지권이란 건물의 구분소유자가 전유부분을 소유하기 위해 전유부분(건물부분)이 속하는 1동의 건물이 소재하는 토지와 그 밖의 토지에 대해서 구분 소유자가 가지는 권리로, 등기법에서 사용하는 용어인 『집합건물의 소유 및 관리에 관한 법률』에서 말하는 대지사용권과 같은 개념이다. 이러한 대지사용권은 소유권은 물론 지상권, 전세권, 임차권 등도 이에 포함되지만 이런 권리 위에 집합건물을 짓는 일은 없다고 보면, 동법에서 말하는 대지사용권은 소유권으로 보고 실제 등기부의 대지권의 종류란에도 소유권대지권이라 표기가 된다. 쉽게 말해 공동주택이나 분양상가 등의 구분소유자가 가진 건물전용면적에 비례한 토지지분권이자 사용권이다.

경매에 있어 가장 많은 사람이 관심을 갖고 참여를 하는 아파트나 다세대주택 등 공동주택이나 주상복합, 분양상가 등 집합건물이 마음에 들고 수익성도 있어 보이는데 대지권에 대한 등기가 없으면 신경 쓰인다. 건물은 하자가 없는데 토지에 문제가 있다는 것이니 말이다. 토지가 어떻게 된 영문인지 파헤쳐봐야 입찰을 할지 말지 결정이 나지 않겠는가! 실질 경매 진행 중인 물건을 사례로 살펴보기로 하자.

자료4-10. 등기사항전부증명서(말소사항포함) – 집합건물

[집합건물] 인천광역시 서구 경서동 경서제2지구3블럭3로트 ▮▮하이빌2차 제2동 제4층 제4▮▮호

【 표 제 부 】	(1동의 건물의 표시)			
표시번호	접 수	소재지번,건물명칭 및 번호	건 물 내 역	등기원인 및 기타사항
1	2017년5월29일	인천광역시 서구 경서동 경서제2지구3블럭3로트 ▮▮하이빌2차 제2동 [도로명주소] 인천광역시 서구 경서로▮▮	철근콘크리트구조 평지붕 4층 공동주택 1층 11.34㎡ 2층 176.11㎡ 3층 176.11㎡ 4층 167.83㎡	

【 표 제 부 】	(전유부분의 건물의 표시)			
표시번호	접 수	건 물 번 호	건 물 내 역	등기원인 및 기타사항
1	2017년5월29일	제4층 제402호	철근콘크리트조 48.1㎡	

【 갑 구 】	(소유권에 관한 사항)			
순위번호	등 기 목 적	접 수	등 기 원 인	권리자 및 기타사항
1	소유권보존	2017년5월29일 제185756호		소유자 이▮▮ 600827-******* 인천광역시 계양구 장제로▮▮, 107동 5▮▮호(박촌동, ▮▮▮▮)
2	소유권이전	2017년8월11일 제294493호	2017년5월7일 매매	소유자 이▮▮ 721018-******* 전라남도 함평군 신광면 원남길 3▮▮
3	강제경매개시결정	2020년2월24일 제86177호	2020년2월24일 인천지방법원의 강제경매개시결정 (2020타경504▮▮)	채권자 백▮▮ 870406-******* 인천 서구 경서로▮▮, 304동 4▮▮호 (경서동, ▮▮▮▮아파트)
4	임의경매개시결정	2020년9월4일	2020년9월4일	채권자 주식회사 신한은행 110111-0012809

    자료4-10 등기사항전부증명서의 1동 건물의 표제부를 보니 마땅히 있어야 할 대지권의 목적인 토지의 표시란 자체가 없는 것이 눈에 띈다. 집합건물등기부등본상에 당연히 있어야 할 대지권에 대한 표시가 없으니 대지권이 있는지, 없는지 구별을 할 수가 없다.

    토지에 대한 소유권이자 대지권이 있으면 자료4-9의 등기부등본처럼 1동의 건물 표제부 다음 항목에 대지권의 목적인 토지의 표시가 있고, 1동 건물에 대한 전체면적 등의 부동산의 표

시가 기재되어야 하는데 없다. 그에 따라 경매로 나온 물건의 전유부분의 표제부에도 대지권의 목적인 토지의 표시란이 없음을 확인할 수가 있다. 이러한 물건을 입찰하려면 무슨 이유로 당연히 있어야 할 등기가 왜 없는지를 따져봐야 한다.

이처럼 대지권의 목적인 토지의 표시가 없이 1동 건물 전체의 토지에 대한 표시가 없는 미등기인 경우에 두 가지의 권리로 나누어진다. 우선 살펴야 할 부분이 대지권은 있는데 단지, 등기가 안 되어 미등기인지(대지권미등기), 대지권 자체가 아예 없어 미등기(대지권 없음)인지로 구분해서 확인하고 분석을 해야 한다. 분석을 해야 하지만 등기부등본으로는 구별하기는 거의 불가능하다. 우선 비슷해보이는 듯하지만 권리의 본질이 다른 두 권리의 개념부터 정리해보자.

대지권미등기란?

대지권미등기란 시유지나 국유지에 건축한 경우처럼 처음부터 토지의 소유권인 대지권이 없는 것이 아니라, 건축주(분양자)에게 토지소유권은 있으나 지적정리지연 등의 사유로 인해 건물의 전유부분만 수분양자에게 소유권이 이전되고 1동의 건물 전체의 토지에 대한 대지권등기가 지체되는 경우를 말한다. 대지권이 없는 것이 아니기 때문에 등기가 지체되는 사유만 해소되면 대지권등기를 할 수가 있다.

지체되는 사유를 살펴보면 ① 아파트와 같은 대규모 집합건물의 대지의 분·합필 및 환지절차의 지연, ② 건설업체 또는 건축주(시행사 또는 분양자)의 내부사정, ③ 각 세대별 전용면적 대비 지분비율의 결정지연, ④ 채권자가 근저당설정이나 경매 신청을 위해 대위보존등기를 하는 경우, ⑤ 대지에 대한 소유권 이전 등기청구권이 가압류된 경우, ⑥ 전유부분 수분양자 또는 소유자의 분양대금 완납지연 등 여러 가지 원인에 의해 대지권 미등기가 발생한다.

대지권 없음이란?

대지권미등기는 대지권은 있지만 등기가 지체되는 사유로 인해 미등기인 상태다. 대지권 없음은 이와 달리 대지권 자체가 아예 없는 경우를 말한다. 즉 건물 자체의 권리는 있지만 토지에 대한 소유권이 없거나 상실한 상태로 토지 소유자가 따로 있다는 말이다.

대지권이 없는 경우를 살펴보면, 보통 시유지나 국유지에 속한 건물에서 많이 발생하지만, ①건축주(분양자)가 남의 땅 위에 건물을 건축한 경우이거나, ② 분양자가 토지계약금만 주고 집합건물을 건축했으나, 매매잔금을 지급하지 못해 대지의 매매계약이 해제된 경우, ③ 건축 당시에 토지에 근저당이나 가압류 등이 설정된 상태에서 건축물이 완료 후 대지권등기를 마쳤으나, 근저당권자가 토지에 대해 임의 경매를 신청해 제3자가 낙찰받으면 1동 건물 전체의 대지권을 상실하게 되는 경우 등을 들 수 있다.

이처럼 대지권 자체가 아예 없다면 건물의 낙찰자는 대지소유자로부터 지료청구를 당하거나 구분소유권 매도청구를 당할 수 있으며, 법정지상권조차도 없는 경우라면 건물철거 대상이 될 수도 있다. 건물만 취득한 매수인은 토지 부분에 대해서 선택권이 없다. 토지 소유자가 하자는 대로 따를 수밖엔 없다. 참으로 위험하기 짝이 없는 물건으로 건물만 매각이나 대지권 없음(또는 대지사용권 없음)으로 평가되어 나오는 물건은 가급적 손을 안 대는 것이 현명한 투자라 할 수 있다.

대지권미등기와 대지권 없음의 구별 방법

자료4-11의 등기사항전부증명서의 물건처럼 대지권의 목적인 토지의 표시란 자체가 없는 경매 물건의 경우, 대지권은 있는데 단지 미등기 상태인지 대지권 자체가 아예 없는 것인지를 찾아야 한다. 구별 방법은 간단하다. 경매 사건 목록인 감정평가서와 매각물건명세서의 기재내용에 '대지권미등기'와 '대지권 없음'이 기재가 되어 있어 간단하게 구별할 수가 있다.

대지권이 미등기인 경우 감정가에 토지대금을 포함해서 최초 매각가가 구성되는 반면, 대지권 없음은 토지평가액이 감정가에 포함이 안 되고 건물분만으로 최초매각가가 구성이 된다. 따라서 토지가격이 포함되어 있느냐 아님 포함되지 않았느냐에 따라 대지권미등기와 대지권 없음이 구별된다. 자료4-10의 등기사항전부증명서상의 경매 물건으로 대지권 미등기 물건인지, 대지권 없음 물건인지 분석을 해보자.

자료4-11. 1동 건물 전체에 대한 대지권미등기 경매 물건

경매사건검색

▶ 검색조건 법원 : 인천지방법원 | 사건번호 : 2020타경504▇▇

● 물건기본정보

사건번호	2020타경504▇▇▇ [전자]	물건번호	1	물건종류	다세대
감정평가액	180,000,000원	최저매각가격	126,000,000원	입찰방법	기일입찰
매각기일	2021.01.04 10:00 제219호 법정				
물건비고	대지권 미등기이나 최저매각가격에 대지권가격이 포함됨. 분양계약서상 기재된 대지면적은 37.39m²임(2020. 3. 20.자 제출된 인천 서구청 사실조회회신 참조함). 대지권에 관하여 미납된 분양대금 및 등기절차비용이 발생할 수 있으므로 이에 대한 확인 요함.				
목록1 소재지	(다세대주택) 인천광역시 서구 경서로▇▇, 2동 4층4▇호 (경서동,▇▇▇하이빌2차)				
담당	인천지방법원	경매13계				
사건접수	2020.02.21		경매개시일	2020.02.24	
배당요구종기	2020.05.15		청구금액	125,112,600원	

사례로 설명하고 있는 경매 물건은 확인한 것과 같이 1동 건물 전체가 대지권이 미등기된 물건이다. 매각물건명세서의 물건비고란을 보면 사건물건은 대지권 없음 물건이 아니라, 대지권미등기 물건으로 최저매각가격에 대지권가격이 포함한 가격임을 공지하고 있다. 등기부에서 확인이 안 된 대지권 유무가 이렇게 간단하게 확인이 되는 것이다. 다음 내용은 감정평가서의 대지권에 대한 감정평가의견 내용이다.

- 본건은 기준시점일 현재 대지권이 미등기 상태이나, 구분소유건물은 「집합건물의 소유 및 관리에 관한 법률」 제20조의 규정에 의거 구분건물과 대지사용권이 일체성을 가지며, 또한 구분건물과 토지를 일체로 하여 일반적으로 분양 및 거래가 이루어지는 바, 적정 대지 지분을 구분건물에 포함한 가격으로 평가하였으니, 향후 대지권 등기 여부를 업무진행시 반드시 확인 바람.

구분건물감정평가명세표					
				토지 · 건물	배분내역
				토 지 :	36,000,000
				건 물 :	144,000,000
합 계		이	하	여	백
					₩180,000,000.-

감정평가서 내용에서도 법원의 현황조사와 마찬가지로 대지권이 없는 것이 아니라 집합건물의 일반적 거래관행상 건물과 함께 토지에 대한 소유권인 대지권도 포함해 거래되고 있고, 그에 따라 토지의 지분이 배분된 것으로 보고 토지가격을 감정가격(최초매각가격)에 포함했다. 감정가격에 대지권금액이 포함되면 낙찰자는 소유권 이전의 절차적 문제와 이전비용이나 분양대금 미납이 있을 시 추가 부담 여부의 문제를 검토해야 하지만 대지권은 취득할 수가 있다.

지금까지 1동의 건물의 표제부에 대지권의 등기표시가 없는 자료4-11의 물건으로 대지권 유무의 확인방법을 살펴봤다. 이번에는 1동의 건물의 표제부에 대지권의 등기표시가 있으나, 전유부분에 대한 표제부상에 대지권의 목적인 토지의 표시가 없을 때는 어떠한지 살펴보자.

자료4-12. 전유부분에 대지권미등기 경매 물건

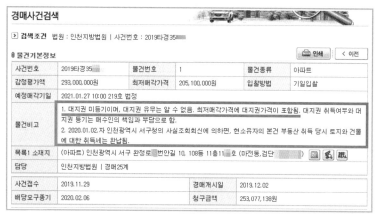

경매사건검색

▶ **검색조건** 법원 : 인천지방법원 | 사건번호 : 2019타경35■■■

● **물건기본정보**
🖨 인쇄   < 이전

사건번호	2019타경35■■	물건번호	1	물건종류	아파트
감정평가액	293,000,000원	최저매각가격	205,100,000원	입찰방법	기일입찰
예정매각기일	2021.01.27 10:00 219호 법정				
물건비고	1. 대지권 미등기이며, 대지권 유무는 알 수 없음. 최저매각가격에 대지권가격이 포함됨. 대지권 취득여부와 대지권 등기는 매수인의 책임과 부담으로 함. 2. 2020.01.02.자 인천광역시 서구청의 사실조회회신에 의하면, 현소유자의 본건 부동산 취득 당시 토지와 건물에 대한 취득세는 완납됨.				
목록1 소재지	(아파트) 인천광역시 서구 완정로■■번안길 10, 108동 11층11■호 (마전동,검단■■■■■) 🗺 🖼 📷				
담당	인천지방법원	경매25계				
사건접수	2019.11.29		경매개시일	2019.12.02
배당요구종기	2020.02.06		청구금액	253,077,138원

[집합건물] 인천광역시 서구 마전동 ■■■■ 외 3필지 검단■■■■■ 제108동 제11층 제11■호

【 표 제 부 】 (1동의 건물의 표시)

표시번호	접 수	소재지번,건물명칭 및 번호	건 물 내 역	등기원인 및 기타사항
			11층 351.0673㎡ 12층 351.0673㎡ 13층 351.0673㎡ 14층 351.0673㎡ 15층 351.0673㎡	

(대지권의 목적인 토지의 표시)

표시번호	소 재 지 번	지 목	면 적	등기원인 및 기타사항
1	1. 인천광역시 서구 마전동 ■■■	대	4917.3㎡	2019년5월3일 등기
	2. 인천광역시 서구 마전동 ■■■	대	43390.4㎡	

【 표 제 부 】 (전유부분의 건물의 표시)

표시번호	접 수	건 물 번 호	건 물 내 역	등기원인 및 기타사항
1	2007년3월7일	제11층 제11■호	철근콘크리트구조 84.9734㎡	도면편철장 1책 제50면

【 갑 구 】 (소유권에 관한 사항)

순위번호	등 기 목 적	접 수	등 기 원 인	권리자 및 기타사항
1	소유권보존	2007년3월7일 제18■호		소유자 ■■종합건설 주식회사 110111-■■■■■■■ 서울 서초구 서초동 ■■■,5 우남빌딩 ■■호

자료4-12 사건물건의 등기부등본을 보니 1동 건물의 토지 전체에는 대지권 등기가 있는데, 경매로 나온 물건의 전유부분에 대한 대지권의 등기가 안 보인다. 대지권의 목적인 토지의 표시가 없는 물건의 대부분이 전유부분에 대한 대지권미등기인데 이 전유부분에서도 대지권 없음과 대지권미등기 여부를 먼저 가려야 한다. 이 경우 역시 감정평가서와 매각물건명세서에서 찾아 그 판단의 기준으로 삼으면 된다.

자료4-12 경매 사건물건의 매각물건명세서의 물건비고란을 보면 사건물건은 대지권 없음 물건이 아니라, 대지권미등기 물건으로 최저매각가격에 대지권가격이 포함한 가격임을 공지하고 있다. 그리고 이 물건에 대한 감정평가서의 대지권에 대한 감정평가내용도 보자.

- 본건 아파트는 가격시점 현재 토지에 대한 **소유권·대지권이 정리되지 않았으나**, "집합건물의 소유 및 관리에 관한 법률" 제20조에 의거 토지와 건물은 일체성을 가질뿐 아니라 분리하여 처분 할 수 없으며, 추후 적정 대지지분이 귀속될 것을 전제로 가격이 형성되고 거래되는 관행에 따라 추후 이전될 적정 대지지분을 포함한 가격으로 평가하고, 토지와 건물에 귀속하는 적정가격을 배분하여 감정평가명세표에 기재하였으니 업무에 참고하시기 바랍니다.

		11층1103호	84.9734	84.9734	293,000,000	적정대지권 지분 포함
				토지·건물	배분내역	
				토 지 :	117,200,000	
				건 물 :	175,800,000	
합 계					₩293,000,000.-	
		이	하	여	백	

외 1명

사례 물건의 감정내용도 1동 건물의 대지권미등기에 대한 감정평가서 내용과 같이 대지권이 없는 것이 아니라, 집합건물의 일반적 거래관행상 건물과 함께 토지에 대한 소유권인 대지권도 포함해서 거래되고 있는 것이다. 그에 따라 토지의 지분이 배분된 것으로 보고 토지가격을 감정가격(최초매각가격)에 포함했다. 따라서 이 물건도 대지권을 취득할 수 있다.

이번에는 대지권이 없는 물건을 살펴보도록 하자.

자료4-13. 전유부분에 대지권이 없는 경매 물건

❯ 기본정보				대법원사이트 보기 GO / 법원기본내역 보기 GO	
대표소재지	[목록1] 인천 미추홀구 도화동 ▨▨ 1층 1▨호 [봉수대로 ▨]				
대표용도	아파트형공장	채 권 자	박▨▨ 임의경매		
기 타 용 도	-	소 유 자	(주)빌▨▨ 외 1명	신 청 일	2018.08.16
감정평가액	87,000,000원	채 무 자	주○○○ ○○○외1	개시결정일	2018.08.17
최저경매가	(49%) 42,630,000원	경 매 대 상	건물전부	감 정 기 일	2018.09.27
입찰보증금	(10%) 4,263,000원	토 지 면 적	0m²	배당종기일	2018.11.23
청 구 금 액	181,411,770원	건 물 면 적	83.84m² (25.36평)	입 찰 일	2019.10.01(변경)
등기채권액	1,810,203,200원	제시외면적	10m² (3.03평)	차기예정일	미정 (42,630,000원)
물 건 번 호	1 [변경] 2 [허가] 3 [변경]				

출처 : 부동산태인(www.taein.co.kr)

대법원공고	[매각물건명세서] <비고란> • 제시외 건물 포함. • 식당의 창고 등으로 사용중임. • 건물의 대지'에 대한 '대지사용권'이 없는 것으로 조사되는 바, 건물만의 평가를 하였으며 대지사용권이 구비된 경우 토지의 소유권대지권과 건물을 일체로 한 감정평가액은 143,000,000원임.

[집합건물] 인천광역시 미추홀구 도화동 ▨ 제1층 제1▨호

【 표 제 부 】	(1동의 건물의 표시)			
표시번호	접 수	소재지번,건물명칭 및 번호	건 물 내 역	등기원인 및 기타사항
5		인천광역시 미추홀구 도화동 [도로명주소] 인천광역시 미추홀구 봉수대로 ▨	철골철근콘크리트조 및 조적조 평슬래브지붕 5층 아파트형공장 1층 2087.60㎡ 2층 1983.70㎡ 3층 1983.70㎡ 4층 1983.70㎡ 5층 1975.88㎡	2018년7월1일 행정구역명칭변경으로 인하여 2018년7월11일 등기

(대지권의 목적인 토지의 표시)				
표시번호	소 재 지 번	지 목	면 적	등기원인 및 기타사항
4	1. 인천광역시 미추홀구 도화동	대	3177.4㎡	2018년7월1일 1토지 행정구역명칭변경 2018년7월10일

【 표 제 부 】	(전유부분의 건물의 표시)		
표시번호	접 수	건 물 번 호	건 물 내 역	등기원인 및 기타사항
1	2002년5월15일	제1층 제107호	조적조 83.84㎡	도면편철장 4책 제694면

【 갑 구 】	(소유권에 관한 사항)			
순위번호	등 기 목 적	접 수	등 기 원 인	권리자 및 기타사항
1	소유권보존	2002년5월15일 제76841호		공유자 지분 2분의 1 주식회사 ▨ 120111-0217879

　자료4-13 사건물건의 등기부등본을 보니 1동 건물의 토지전
체에는 대지권등기가 있는데 경매로 나온 물건의 전유부분에
대한 대지권의 등기가 안 보인다. 경매 사건물건의 매각물건명
세서의 물건비고란을 보니 사건물건은 대지권미등기 물건이 아
닌 건물의 대지에 대한 대지사용권이 없어 건물만 평가해서 매
각물건으로 나온 것을 알 수가 있다. 감정평가서의 대지권에 대
한 감정평가의견 내용도 살펴보자.

4. 그 밖의 사항

본건 기호 1은 「집합건물의 소유 및 관리에 관한 법률」에 따른 구분소유권의 대상이 되는 건물로 제20조에 따라 구분건물과 대지사용권이 일체성을 가지며, 특정한 사유가 없이 분리하여 거래가 불가능하여 일체로 감정평가를 하여야 하나, "건물의 대지"에 대한 "대지사용권"이 없는 것으로 탐문조사되는 바, 귀 제시목록에 따라 건물만의 감정평가를 하였으니 경매진행시 확인바라며, 대지사용권이 구비된 경우 토지의 소유권대지권과 건물을 일체로한 감정평가액은 143,000,000원임.

				토지·건물	배분내역	"건물만의 평가
				토 지 :	0	
(제시외건물)				건 물 :	86,000,000	

    감정평가서의 탐문조사 결과도 건물의 대지에 대한 대지사용권이 없는 것으로 조사되어 대지권이 없어 토지가격은 최초 매각가격에 포함하지 않고 건물가격만으로 평가한 것을 알 수가 있다.

돌다리도 두드려 보고 가라 했다

    지금까지 대지권의 개념이나 대지권 유무에 대한 구별 방법 등 전반에 대해 경매 진행 중인 물건을 사례로 들어가며 매각물건명세서나 감정평가서에서의 확인 방법을 살펴보았다. 집합건물의 경매 물건을 보다 보면 대지권미등기, 대지권 없음, 토지별도등기 등의 권리가 있는 물건들을 접하게 된다. 이러한 물건들은 특수권리의 꼬리가 달렸다고 해서 입찰경쟁률과 낙찰가율이 낮아지는 것이 일반적이다.

때로는 일반물건들과 별반 다름이 없을 정도로 정상적인 물건들도 더러 있기도 하지만, 대지권이 없는 물건은 물론이거니와 토지가격이 포함되어 나온 대지권미등기 물건을 특수물건으로 분류할 만큼 파고 들어가면 그 속에 어려움이 숨어 있다는 것이다. 경쟁률과 낙찰가율이 낮은 이유가 다 여기에 있는 것이다.

제시된 사례를 보니 매각물건명세서나 감정평가서에 대지권이 미등기인 경우 토지가격을 감정가격에 포함해서 매각을 하고, 대지권이 없으면 토지가격이 포함이 안 되어서 매각물건으로 나오는 것을 잘 구별해서 낙찰을 받아 등기만 내면 된다. 또한 건물도 땅 지분도 내 돈 주고 샀으니, 등기가 안 되어 있는 땅을 등기하면 된다. 그러나 이것이 말처럼 쉽지만은 않다. 매각물건명세서의 기재 내용에서나 감정평가서상의 토지가격이 감정가액에 포함되었다 해서 별반 어려움이나 문제가 없을 것 같지만, 단순히 이런 분석이나 평가만을 믿고 낙찰을 받았다가 크게 어려움에 처할 수 있다는 사실이다.

괜히 특수물건 타령하는 게 아니다. '배보다 배꼽이 더 커진다'라는 말도 있고, '호사다마(好事多魔)'란 말도 있듯이, 파헤쳐 보면 분석내용과는 다른 어려움이 있을 수 있다는 것이다. 그래서 '돌다리도 두들겨 보고 지나자'고 하는 거다. 그렇다면 어떤 돌다리를 두드려보고 확인하고 입찰에 참여해야 하는지 알아보자.

매각물건명세서와 감정평가서의 권리내용에 대한 분석

지금까지의 설명으로 대지권미등기와 대지권 없음(또는 대지사용권 없음)에 대한 개념과 경매 사건 목록상의 매각물건명세서와 감정평가서를 통해 확인하는 방법을 알았다. 그러나 이 두 가지의 서류를 보고 대지권의 표시가 없는 물건에 입찰하기는 선뜻 내키지 않는다. 더 확인이 필요하다. 매각물건명세서나 감정서의 감정 의견과 분석을 살펴보면 어느 물건이나 거의 비슷한 내용으로 기재가 되어 있다. 흔한 말로 한 자락, 두 자락 깔고 일정 부분의 책임을 입찰자에 떠넘기는 뜻한 용어들이 눈에 띄는데, 좋은 의미의 해석으로 권리분석에 주의를 하라는 일종의 경고성 문구로 보면 된다.

대지권이 목적인 토지의 표시가 미등기인 물건의 매각물건명세서를 보면 '대지권미등기이며, 대지권 유무는 알 수 없음, 최저매각가격은 대지권가격 포함임'이라고 기재된 내용을 많이 보게 된다. 또한 '대지권에 관해 미납된 분양대금 및 등기절차 비용이 발생할 수 있으므로 이에 대한 확인 요망'이라는 문구도 많이 보게 된다.

또한, 감정서의 감정의견과 분석내용을 보면, '해당 사건은 기준시점일 현재 대지권이 미등기인 상태이나' 또는 '소유권대지권이 정리되지 않았으나'라는 불분명 의견을 제시하고는, 구분소유건물은 『집합건물의 소유 및 관리에 관한 법률 제20조』

의 규정에 의거 구분건물과 대지사용권이 일체성을 가진다. 또한 구분건물과 토지를 일체로 해서 일반적으로 거래가 이루어지니, 적정 대지지분을 구분건물에 포함한 가격으로 평가한다는 법조항을 근거로 감정가를 산정하고는, '업무에 참고하기 바란다'라든지 '업무진행 시 확인 바란다' 등의 똑같은 내용을 보게 된다.

결국, 이와 같은 내용을 살펴보면 매각물건명세서나 감정서를 통해 대지권의 표시가 미등기인 물건에 대한 대지권미등기와 대지권 없음의 단순구별은 할 수는 있겠지만, 그에 대한 사실관계 부분의 확인이나, 토지대금을 포함해서 낙찰을 받은 후 소유권 이전등기절차상에 어떤 어려움이 있는지, 대지권을 낙찰대금에 포함해서 낙찰을 받았지만 추가로 얼마나 더 들어가는지 등에 대한 사실관계의 확인은 낙찰자의 몫이라는 것을 공지하고 있다 보면 된다.

결론적으로 대지권미등기물건에 대한 입찰 여부의 핵심을 요약하자면, 매각물건명세서와 감정평가서의 내용을 근거로 알 수 없는 대지권 유무의 사실관계를 확실하게 파악하는 것이 우선이고, 대지권 이전을 받기는 수월한지, 추가비용은 얼마나 더 들여야 하는지 등 사실관계 확인을 한 후에 입찰을 하는 것이 최선의 방법이다.

입찰 전 대지권에 대한 사실관계 파악하기

사례로 설명한 자료4-11처럼 1동의 건물 전체에 대지권의 등기가 없는 이유를 조사해야 하는데, 매각물건명세서와 감정평가서의 내용에도 불구하고 대지권이 있는지 없는지까지도 확인하는 것이 내 몫이라 했다.

첫 번째로 토지등기부등본을 확인한다. 만일, 토지등기부등본상의 토지 소유자와 건축주(분양자, 또는 시행사)의 이름이 다르다면 토지에 대한 소유권이 없거나 상실될 가능성이 있는 대지권이 없는 경우에 해당된다 볼 수 있다.

두 번째로는 일단의 토지상에 경매 물건이 속한 동 외의 다른 동이 있다면 집합건물등기부등본과 토지등기부등본을 열람 확인하고 같은 동, 다른 호의 등기부등본도 반드시 열람해서 확인해야 한다. 확인결과 역시 건축주(분양자)가 토지 소유자가 아니거나, 설령 건축주가 소유자라 할지라도 소유권을 제한하는 가등기나 가처분 또는 경매기입등기 등의 권리가 있다면 대지권을 취득하기가 어려운 물건으로 보아야 하고, 그럼에도 불구하고, 낙찰을 받아야 할 이유나 가치가 있다면 토지 소유자나 권리 설정자를 만나 사실관계를 확인한 후에 판단하는 것이 좋겠다.

그러나 이렇게 조사를 해보니 건축주에게 토지의 소유권이 없는 것이 아니라 단지 토지의 분·합필 등 지적정리의 지연이나 세대별 지분비율의 지연 등 지체 사유로 인해 대지권의 목적인 토지의 표시가 1동의 건물 전체의 표제부나 전유부분의 표제부에 등기가 없는 경우라면 『집합건물의 소유 및 관리에 관한 법률 제2조 제6호』의 대지사용권을 취득할 수가 있고, 이에 따라 낙찰자는 수분양자의 분양대금 미납 여부와는 상관없이 등기절차에 따라 등기를 할 수가 있다.

대지권미등기 물건 낙찰받은 후의 문제 검토

대지권 사실관계의 조사결과 대지사용권 취득이 가능하다는 판단으로 입찰을 결정했다면 낙찰을 받은 후의 문제도 검토를 해야 한다. 어떤 문제를 짚고 가야 하는지 살펴보자.

첫 번째로 매각물건명세서나 감정평가서에 대지권의 가격이 포함된 금액으로 낙찰을 받고 대지사용권을 취득했지만, 수분양자(경매 대상물건의 소유자)가 분양대금을 미납한 경우다. 대지권의 가격이 포함된 매각대금을 납부했더라도 대지권등기를 하려면 전 소유자의 미납된 분양대금을 건축주(분양자 또는 시행자)에게 추가로 납입을 해야 등기요구를 할 수가 있다. 이에 대한 판례를 살펴보자.

그 경락인은 『집합건물의 소유 및 관리에 관한 법률 제2조 제6호』의 대지사용권을 취득하고, 이는 수분양자가 분양자에게 그 분양대금을 완납한 경우는 물론 그 분양대금을 완납하지 못한 경우에도 마찬가지다. 따라서 그러한 경우 경락인은 대지사용권 취득의 효과로서 분양자와 수분양자를 상대로 분양자로부터 수분양자를 거쳐 순차로 대지지분에 관한 소유권 이전등기절차를 마쳐줄 것을 구하거나 분양자를 상대로 대지권변경등기절차를 마쳐줄 것을 구할 수 있고, 분양자는 이에 대해서 수분양자의 분양대금 미지급을 이유로 한 동시이행 항변을 할 수 있을 뿐이다[대판 2006.09.22., 2004다58611].

위의 판결을 보면 분양자는 수분양자의 분양대금 미지급을 이유로 "동시이행 항변을 할 수 있을 뿐"이라고 해서 낙찰자에게 손을 들어준 듯하지만, 동시이행항변이 뭔지, 미납된 분양대금을 주면 등기해준다고 따진다면 쌍방이 다 가질 수 있는 권리와 의무라는 것이다. 건물과 토지가격을 포함해서 납부했는데 추가로 미납된 분양대금을 줘야 한다면 황당할 수 있다. 하지만 이래서 경쟁률과 낙찰가율이 낮은 사례라는 것을 알아야 한다.

결국, 대지권미등기 물건의 입찰 여부는 통상거래 관행에 따른 평가로 대지권을 감정가격에 포함해 대지권의 소유권 이전은 가능할지라도 추가부담 여부는 수분양자의 분양대금 완납에 따라 달라지는 만큼 이 부분에 대한 사실관계를 건축주(분양자), 경매 신청권자, 아파트나 집합건물의 관리소나 인근 공인중개사사무소 등을 통해 대한 면밀한 분석과 확인이 필요하고 등기이전 과정이나 비용도 관리소나 인근 공인중개사사무소, 또는 법무사를 통해 사례가 있는지 등을 조사해서 입찰 여부를 결정해야 한다.

반면에 사실관계 조사결과 전 소유자(수분양자)가 분양대금을 완납했으나, 건축주(분양자)의 대지권등기 지연을 이유로 인해 미등기인 상태라면 낙찰자의 추가부담 없이 분양자를 상대로 직접 등기를 요청할 수 있다(대법2002다40210).

두 번째로 매각물건명세서나 감정평가서에 대지권의 가격이 포함된 금액으로 낙찰을 받고 취득했지만, 건물분에 대해서는 법원의 촉탁에 의해 등기는 가능하다. 하지만 대지권등기에 대해서는 법원의 촉탁등기가 아닌 낙찰자 본인이 분양자와 전 소유자로부터 순차적으로 즉, 두 번에 걸쳐 등기이전을 받아야 하는 어려움이 있다는 것이다.

세 번째로 매각대금의 마련에 어려움이 있을 수가 있다. 대부분의 사람이 경매로 부동산을 매입 시 금융권의 대출로 매각대금을 장만한다. 그런데 대지권미등기 물건은 대출이 안 될 수가 있어 우선 이런 물건을 입찰할 때는 대출 컨설턴트와의 상담을 통해 대출 여부를 확인하고 불분명할 때는 매각대금의 준비가 있어야 한다. 자칫, 잔금이나 추가 비용을 마련하지 못해 매수신청보증금을 포기할 수도 있기 때문이다.

운칠기삼(運七技三)이라 했던가. 경매에도 낙찰을 받으려면 운도 따른다고 본다. 운도 따라 기분 좋게 낙찰을 받고도 이러한 문제들을 챙기지 못하면 호사다마(好事多魔)를 만든 격이 되어 조심해야 한다.

낙찰 후 대지권 없음으로 판명될 경우에는 어찌해야?

매각물건명세서나 감정평가서상에 대지권의 평가금액이 포함되어 있음에도 불구하고 낙찰 후 대지권이 없음으로 판명되면 최고가매수인은 경매대금 감액신청이나 『민사집행법 제121조』 규정에 따른 중대한 흠을 들어 매각불허가신청이나 즉시항고를 할 수 있고 매각허가결정이 났다면 『동법 제127조』를 들어 매각허가결정취소를 신청을 할 수 있다.

또한 판례에서도, 대지권이 미등기일 경우 집행법원은 대지권의 유무를 조사해야 한다(대법원 2006.3.27, 2004마978 참조). 대지권의 유무에 대한 조사의 책임은 집행법원에 있다. 항상 구제받을 길은 있다. 그러나 여기까지 오게 되면 낙찰을 안 받으니만 못한 결과로, 시간적으로나 금전적으로나 손해가 발생하게 된다.

결론적으로 보면 법원에서 집합건물의 경매 물건에 대해 대지권이 없는지, 대지권은 있는데 미등기인 상태인지에 대한 최종적인 기준은 매각물건명세서나 감정평가서가 기준이다. 하지만 입찰자 입장에서는 매각물건명세서나 감정평가서의 내용을 참고 내용으로 해서 사실관계에 대한 조사와 확인으로 입찰 여부를 판단해야 한다.

06 토지별도등기란 어떤 권리?

토지별도등기란?

토지별도등기는 토지와 건물에 설정된 등기가 서로 다르다는 의미로 '토지에 별도등기 있음'이나 '별도등기 있음'으로 표기되는 일종의 해당 부동산 거래 시 조심하라는 법원의 경고 메시지기도 하다. 이러한 토지별도등기는 단독건물 등에서도 발생하기도 하지만, 아파트나 다세대주택, 주상복합건물 등 집합건물에서 많이 발생하는 등기상 별도의 권리다.

토지의 별도등기가 발생하는 대표적인 원인을 살펴보면, 대부분의 건물은 나대지인 상태이거나 신축 중에 토지에 근저당을 설정하고 대출을 받아 건축을 한다. 그리고 그 토지 위에는 가압류나 압류, 가처분, 구분지상권 등 또 다른 권리가 설정되기도 한다. 이러한 권리가 설정되어 있는 상태에서도, 건물이 준공(사용승인)이 되면 집합건축물관리대장이 작성된다. 건축주는 건물대장을 근거로 1동 건물 전체와 전유부분에 대한 건물보존등기 신청과 함께 대지권등기를 신청한다. 이때에 토지에 설정된 권리를 말소하고 등기신청을 해야 하는데도 불구하고 그런 절차를 간과하고 대지권등기신청을 하면, 법원에서는 참고로 예시한 자료4-14의 표제부에서 보듯 대지권등기와 함께 별도등기 있음을 표기하며 그 권리의 종류(을구 1번 근저당, 2번 근저당)도 함께 표기해서 별도권리가 있다는 것을 공지한다.

자료4-14. 집합건물등기부등본(참고서류)

[집합건물] 인천광역시 미추홀구 주안동 ▨▨▨▨▨▨▨아파트 제19층 제19▨호				
【 표 제 부 】 (전유부분의 건물의 표시)				
표시번호	접 수	건 물 번 호	건 물 내 역	등기원인 및 기타사항
1 (전 1)	1998년6월8일	제19층 제1906호	철근콘크리트벽식조 59.955㎡	도면편철장 2책제344면
				부동산등기법 제177조의 6 제1항의 규정에 의하여 1999년 06월 14일 전산이기
(대지권의 표시)				
표시번호	대지권종류		대지권비율	등기원인 및 기타사항
1 (전 1)	1 소유권대지권		4461분의 17.48	1998년3월12일 대지권 1998년6월8일
				부동산등기법 제177조의 6 제1항의 규정에 의하여 1999년 06월 14일 전산이기
2				별도등기 있음 부동산등기규칙 제90조에 의하여 1동건물의 표제부에서 이기 1토지(을구 1번 근저당권 설정등기,을구 2번 근저당권 설정등기) 2019년10월10일 등기

이 밖에도 토지별도등기의 원인이 없어졌는데도 등기부에 기재가 되어 있는 경우가 있으나, 이런 경우는 언제든지 소유자의 신청에 의해 말소를 할 수 있고, 지하철통과지역 등 공익적 목적에 의해 토지에 구분지상권이 설정되어 있는 경우에도 별도등기가 표기되지만 소유권 행사에는 지장이 없다 보면 된다.

토지별도등기에 대한 권리분석

토지별도등기가 있는 경매 물건의 권리분석은 대지권에 대한 권리분석과는 달리 쉬운 편이라 할 수 있다. 대지권에 대한 권리분석에 있어서는 매각물건명세서와 감정평가서의 평가내용보다는 사실관계에 비중을 더 둔 반면, 토지별도등기에 대한 권리분석은 매각물건명세서의 특별매각조건에서 권리의 인수와 소멸을 확인할 수가 있다.

토지별도등기에 대한 경매 법원의 처리 원칙은?

토지별도등기가 있는 경매 물건에 대한 집행법원의 처리는 소멸을 원칙으로 한다. 매각물건명세서에 표기된 내용을 예로 들어 살펴보자.

사례 1

대법원공고	**[매각물건명세서]** <비고란> • 별도등기 있으나 효력 없음.

사례 2

대법원공고	**[기본내역]** • 토지에 관하여 별도등기 있으나, 본건 부동산은 해당없음.
과 거 사 건	2014-70▒▒(인천지방법원)

사례 3

대법원공고	**[매각물건명세서]** <비고란> • 토지별도등기있음("용현동 ▒-2"을구 9번 근저당권,"용현동 ▒-4"을구 8번 근저당권") • 집합건축물대장상 용도는 "제1종 근린생활시설(소매점)"이며 현재 미운영 상태임

사례 4

대법원공고	**[기본내역]** • -토지 별도 등기 있음. 5. 6. 7.토지 을구 1번 지상권등기(1999.11.29. 등기)는 말소되지 않고 매수인이 인수함(도로법 제20조, 도시철도법 및 도로법에 의한 구분지상권등기처리규칙 제4조) - 본 부동산은 CGV홈플러스 건물의 1층 출입 문쪽에 위치한 상가로서, 현재 임차인이 "Juicy" 상호로 영업중임
중 복/병 합	2020-15449(중복)

사례 5

대법원공고	**[매각물건명세서]** <등기부상의 권리 또는 가처분으로 매각허가에 의해 그 효력이 소멸되지 않는 것> • 토지 을구 1번 지상권 설정등기(2013.12.17.)는 말소되지 않고 매수인이 인수함.

토지별도등기가 있는 경매 물건의 매각물건명세서를 살펴보면 대부분 위 사례의 내용들로 표기를 하는데, 그중 사례 1, 2의 내용과 같은 별도등기 있으나 효력 없음 또는 해당 없음이라

는 표기내용을 가장 많이 보게 된다. 등기만 있을 뿐이지 효력이 없는 권리로 언제든지 소유자의 신청에 의해 말소할 수 있는 권리라 할 수 있다.

사례 3의 물건은 '을'구의 8, 9번의 '근저당권에 의한 토지별도등기 있음'이라는 내용의 표기만 있을 뿐 매수인이 인수한다는 특별매각조건이 없다. 따라서 이 물건의 토지별도등기인 근저당권은 경락으로 인해 소멸한다(민사집행법 제91조 제2항).

반면 사례 4, 5의 물건은 '매수인이 인수함'이라는 특별매각조건이 표기가 되어 있다. 이와 관련된 판례를 통해 살펴보도록 하자.

> 집합건물의 전유부분과 대지사용권인 토지공유지분이 일체로서 경락되고 그 대금이 완납되면, 설사 대지권 성립 전부터 토지만에 관해 별도등기로 설정되어 있던 근저당권이라 할지라도 경매 과정에서 이를 존속시켜 경락인이 인수하게 한다는 취지의 특별매각조건이 정해지지 않았던 이상 위 토지공유지분에 대한 범위에서는 매각부동산 위의 저당권에 해당해서 소멸한다(대판 2008.3.13. 2005다15048 결정).

이렇듯 토지별도등기의 권리를 매수인이 인수를 하느냐 마느냐는 매각물건명세서의 특별매각조건에 따라 호불호가 갈린다.

토지별도등기에 대한 경매 법원의 처리 방법은?

경매 집행 법원은 근저당권이나 가압류 등 일반채권을 특별매각조건으로 붙이지 않을 경우에는 그 권리자가 채권신고를 하게 해서 구분건물 대지권비율만큼 배당을 하고 말소하는 방법을 택하고 있다. 설령, 배당신고를 하지 않았더라도 당연히 배당에 참여하는 권리자로 보고 경매 대상 구분건물에 해당하는 금액만큼을 배당해주고 그 비율만큼 토지에 대한 권리를 말소시키는 방법으로 처리하고 있다. 그러나 토지별도등기가 선순위 가등기나 가처분 또는 전세권, 구분지상권 등이 인수대상 권리인 경우에는 사례 4, 5의 물건처럼 낙찰자인 매수인이 인수하는 권리라는 것을 공지한다.

토지별도등기에 대한 최종 판단은!

토지별도등기가 붙어 있는 물건을 입찰하기 위해서는 경매 법원 매각물건명세서의 특별매각조건을 살펴보고 판단할 수 있다고 했다. 그래도 '돌다리도 두드려 보고 가려면' 매각물건명세서 내용의 진위여부를 확인하면 된다.

확인 방법으로는 집합건물등기부와 토지등기부를 비교분석해서 인수되는 채권인지, 소멸되는 채권이 맞는지 등을 확인한다. 그리고 문건/송달내역도 확인을 해서 토지별도등기채권자가 배당요구를 했는지, 배당통지가 있었는지 등도 살펴본다. 등기부나 송달내역으로 확인하기가 어렵다면 해당 물건의 경매 담당공무원에게 확인요청을 하는 방법도 있다.

토지별도등기와 말소기준권리

지금까지 살펴본 것과 같이 집합건물등기부등본상에 토지별도등기가 기재된 물건에 대한 권리분석은 그리 어렵지 않다는 것을 알 수가 있다. 그런데 토지별도등기의 권리 거의가 최선순위 근저당권이거나 가압류인 경우가 많은데, 이 토지상의 권리가 말소기준권리가 되는 것인지, 아니면 집합건물 등기상의 말소기준권리를 기준으로 하는지 알아봐야 하겠다. 사례 3의 물건으로 살펴보도록 하자.

자료4-15. 토지별도등기 경매 물건(사례 3)

❷ 기본정보				대법원사이트 보기 GO / 법원기본내역 보기 GO	
대표소재지	[목록2] 인천 미추홀구 용현동 ████ 빌딩 1층 1██호 [아암대로]				
대표용도	근린상가	채 권 자	신용보증기금 임의경매		
기 타 용 도	-	소 유 자	전 ██	신 청 일	2019.12.18
감정평가액	391,000,000원	채 무 자	전OO	개시결정일	2019.12.20
최저경매가	(34%) 134,113,000원	경 매 대 상	건물전부, 토지전부	감 정 기 일	2020.01.06
입찰보증금	(10%) 13,411,300원	토 지 면 적	7.7m² (2.33평)	배당종기일	2020.06.24
청 구 금 액	3,516,722,481원	건 물 면 적	47.55m² (14.38평)	입 찰 일	2020.12.21(변경)
등기채권액	14,196,457,923원	제시외면적	0m²	자기예정일	미정 (134,113,000원)
물 건 번 호	1 [납부] 2 [변경] 3 [변경] 4 [변경] 5 [변경] 6 [변경] 7 [변경] 8 [납부] 9 [납부] 10 [변경] 11 [변경]				

출처 : 부동산태인(www.taein.co.kr)

매각물건명세서

사 건	2019타경528██ 부동산임의경매	매각물건번호	2	작성일자	2020.09.07	담임법관 (사법보좌관)	한██	
부동산 및 감정평가액 최저매각가격의 표시	별지기재와 같음	최선순위 설정	2016.9.20.근저당권			배당요구종기	2020.06.24	

부동산의 점유자와 점유의 권원, 점유할 수 있는 기간, 차임 또는 보증금에 관한 관계인의 진술 및 임차인이 있는 경우 배당요구 여부와 그 일자, 전입신고일자 또는 사업자등록신청일자와 확정일자의 유무와 그 일자

점유자의 성 명	점유부분	정보출처 구분	점유의 권원	임대차기간 (점유기간)	보증금	차임	전입신고일자,사업자등록 신청일자	확정일자	배당요구여부 (배당요구일자)
				조사된 임차내역없음					

※ 최선순위 설정일자보다 대항요건을 먼저 갖춘 주택·상가건물 임차인의 임차보증금은 매수인에게 인수되는 경우가 발생 할 수 있고, 대항력과 우선변제권이 있는 주택·상가건물 임차인이 배당요구를 하였으나 보증금 전액에 관하여 배당을 받지 아니한 경우에는 배당받지 못한 잔액이 매수인에게 인수되게 됨을 주의하시기 바랍니다.

등기된 부동산에 관한 권리 또는 가처분으로 매각으로 그 효력이 소멸되지 아니하는 것

매각에 따라 설정된 것으로 보는 지상권의 개요

비고란
-토지별도등기있음("용현동 ██ "을구 9번 근저당권","용현동 ██ "을구 8번 근저당권") -집합건축물대장상 용도는 "제1종 근린생활시설(소매점)"이며 현재 미운영 상태임

자료4-15-1. 등기사항전부증명서(토지)

[토지] 인천광역시 미추홀구 용현동 ████

순위번호	등 기 목 적	접 수	등 기 원 인	권리자 및 기타사항
9	근저당권설정	2015년3월4일 제20741호	2015년2월27일 설정계약	채권최고액 금11,640,000,000원 채무자 전██ 인천광역시 연수구 원인재로 ██,1동 ████호(동춘동,████아파트) 근저당권자 주식회사한국외환은행 110111-0672538 서울특별시 중구 을지로 66(을지로2가) (남동공단지점) 공동담보 토지 인천광역시 남구 용현동 624-4
11	8번근저당권설정등 기말소	2016년10월31일 제400499호	2016년10월28일 해지	
9-6	9번근저당권변경	2018년2월13일 제55579호	2018년2월13일 지분포기	목적 설정할지분 1655.9분의 302.93근저당권설정 포기한지분 1655.9분의 9.4(101호)

【 표 제 부 】 (전유부분의 건물의 표시)				
표시번호	접 수	건 물 번 호	건 물 내 역	등 기 원 인 및 기 타 사 항
1	2016년9월12일	제1층 제102-2호	철근콘크리트구조 47.55㎡	

(대지권의 표시)			
표시번호	대지권종류	대지권비율	등기원인 및 기타사항
1	1, 2 소유권대지권	1655.90분의 7.73	2016년8월30일 대지권 2016년9월12일 등기
2			별도등기 있음 1토지(을구 8,9번 근저당권 설정 등기, 10번 지상권 설정 등기), 2토지(을구 7,8번 근저당권 설정 등기, 9번 지상권 설정 등기) 2016년9월12일 등기

[집합건물] 인천광역시 미추홀구 용현동 □ 외 1필지 □ 재활빌딩 제1층 □□□호

순위번호	등 기 목 적	접 수	등 기 원 인	권 리 자 및 기 타 사 항
2	근저당권설정	2016년9월20일 제325113호	2016년9월20일 추가설정계약	채권최고액 금3,000,000,000원 채무자 전□ 인천광역시 연수구 원인재로 □,1동 □호(동춘동, □아파트) 근저당권자 주식회사하나은행 110111-0672536 서울특별시 중구 을지로 66(을지로2가) (남동공단지점) 공동담보목록 제2016-1476호
3	근저당권설정	2016년9월20일 제325114호	2016년9월20일 추가설정계약	채권최고액 금11,640,000,000원 채무자 전□ 인천광역시 연수구 원인재로 □,1동 □호(동춘동, □아파트) 근저당권자 주식회사하나은행 110111-□ 서울특별시 중구 을지로 □(을지로2가) (남동공단지점) 공동담보목록 제2016-1477호

　　자료4-15 사례 물건의 매각물건명세서 비고란을 보면 토지등
기부상의 '을' 구 8, 9번의 '근저당권에 의한 토지별도등기 있음'
이라는 내용의 표기와 더불어, 집합건물 표제부에 표기된 토지
별도등기의 다른 근저당이나 지상권도 매수인이 인수한다는 특
별매각조건이 없다. 이러한 공지사항으로 볼 때 자료4-15 사례

물건의 토지별도등기는 민사집행법상이나 판례를 비추어 볼 때 전부 소멸되는 권리다.

따라서 자료4-15 사례 물건은 대지권등기도 있고 토지별도등기상의 어떤 권리도 매수인이 인수하는 권리가 없는 물건이다. 이제 남은 건 말소기준권리를 찾아 소멸권리와 인수되는 권리를 분석하면 되는데, 토지등기상의 권리와 집합건물 등기상의 권리 중 어떤 권리가 말소기준권리가 되는지 확인해보자.

말소기준권리는 등기사항전부증명서상에 접수번호가 가장 빠르게 설정된 권리를 기준으로 권리의 선후순위를 따져 선순위권리는 인수를 후순위권리는 소멸시키는 권리다. 등기사항전부증명서로 말소기준권리를 찾기가 정말 난해하고 어렵다면 사설 경매 사이트에서 쉽게 확인해도 된다. 그리고 매각물건명세서에서 확실한 확인을 하면 된다.

사례 6

매각물건명세서								
사 건	2019타경20■■ 부동산강제경매		매각물건번호	1	작성일자	2020.09.23	담임법관(사법보좌관)	이■■
부동산 및 감정평가액 최저매각가격의 표시	별지기재와 같음		최선순위설정		2017.9.4. 가압류		배당요구종기	2019.09.30

사례 7

매각물건명세서								
사 건	2020타경14■■ 부동산임의경매		매각물건번호	1	작성일자	2020.12.22	담임법관(사법보좌관)	김■■
부동산 및 감정평가액 최저매각가격의 표시	별지기재와 같음		최선순위설정		2009.9.25. 근저당권		배당요구종기	2020.09.21

앞 사례의 매각물건명세서를 보면 최선순위설정란에 기재되는 권리가 있는데 이 권리가 말소기준권리다. 사례 6에서는 가압류, 사례 7에서는 근저당권이 말소기준권리가 된다. 말소기준권리는 민사집행법이나 민법 등에서 사용되는 법률 용어는 아니다. 누군가가 지어낸 용어로 경매에서 빼놓아서는 안 되는 용어지만, 법원에서는 최선순위설정이란 용어로 해당 권리를 표기를 해서 『민사집행법 제91조』에서의 인수와 소멸의 기준권리라는 것을 공지하는 것이다.

따라서 자료4-15 사례 물건도 매각물건명세서의 최선순위설정에 기재되어 있는 권리를 말소기준권리로 보면 된다. 표기된 권리를 보니 집합건물등기부 등기접수일 2016년 9월 20일자 근저당으로 기재되어 있다. 토지상의 근저당권(등기접수일 2015.3.4)이 빠르지만 집합건물에 설정된 권리를 인수와 소멸의 기준으로 한다는 것을 알 수가 있다.

대지권미등기에 토지별도등기까지 있는 집합건물에 등기상 인수할 권리가 없어 입찰을 결정했는데, 대항력 있는 임차인이 있다면 배당 여부를 잘 살펴보아야 한다. 선순위임차인이 우선변제권으로 배당신청을 해도 토지 부분에 대한 매각대금은 토지별도등기 채권자에게 우선배당되고 건물분에서만 배당이 이루어지기 때문에 선순위임차인의 보증금이 부족할 때에는 낙찰자가 부담하기 때문에 부담액의 정도를 세심하게 파악하고 입찰을 해야 한다.

임차인의 대항력이나 우선변제권의 효력발생시점의 기준도

토지등기가 아니라 건물의 말소기준권리로 선후순위를 따져 부담여부를 가리게 된다.

07 전세권, 이 정도는 알고 가자

1981년 주택임대차보호법이 생기기 전에는 세입자들이 전세 보증금을 지키기 위해 집주인에게 사정을 해서 동의를 구하고 설정비용을 지불해가며 전세권등기를 해서 우선변제권을 가질 수 있었는데, 임대차특별법(주택, 상가)이 생긴 이후에는 비교적 간단한 절차와 비용부담 없이 대항요건을 갖춘 후 확정일자만으로도 대항력과 우선변제권을 가질 수 있게 되었다.

그러나 직장이나 학업 등 그 외에 특별한 사정으로 전입신고를 할 수 없거나, 흔히 말하는 갭(gap) 주택으로 전세보증금이 과도할 때라거나, 전세권을 담보로 보증금을 활용하기 위한 목적이라든지, 상가임대차에 있어서 보증금이 환산보증금을 초과할 때는 우선변제권을 확보하기 위한 방안으로 전세권설정을 한다.

전세권자는 어떠한 권리를 갖을까?

전세권설정등기로 권리를 취득 시 전세권자는 경매 등의 사유가 발생하는 경우, 해당 부동산에 대해 후순위권리자보다 전세보증금을 우선변제 받을 수 있는 우선변제권의 권리를 갖는다. 전세권을 설정하는 목적의 대부분이 이 권리를 갖기 위해 비용을 들여가며 설정을 한다.

또한, 전세권설정인(집주인)이 전세보증금의 반환을 지체한 때에는 전세권자(전세입자)는 민사집행법의 정하는 것에 따라 전세권 목적물에 대해 경매를 청구할 수 있는 경매청구권을 갖는다. 이 두 가지가 경매에 있어서 전세권이 갖는 주된 권리라 할 수 있고, 그 밖에도 물권적 특성인 양도, 담보제공, 전전세, 유익비상환청구권 등의 배타적권리를 갖는다. 이러한 전세권이 설정된 건물이 경매로 나왔을 시 입찰자 입장에서 권리분석을 해야 할 주요한 내용을 살펴보기로 하자.

권리분석의 핵심은 선순위전세권

권리의 소멸과 인수의 기준인 말소기준권리의 등기날짜보다 늦은 후순위전세권은 경매로 매각 시 배당의 여부나 잔여기간과 상관없이 매각결정으로 소멸하기 때문에 권리분석에 큰 어려움은 없다. 그러나 문제는 등기날짜가 빠른 선순위전세권이 있는 경우다. 선순위전세권이 있는 물건이 경매로 매각되면 낙찰자가 인수를 해야 하는 것이 원칙이다.

그렇지만 선순위전세권은 말소기준권리보다 앞선 가등기나 가처분 등의 권리와는 다르게 따져볼 것이 있다. 매각결정으로 매수자의 인수부담 없이 소멸되는 경우가 있기 때문이다. 앞서 말소기준권리의 종류에서 살펴보았듯이 일정한 조건을 갖추면 말소기준권리가 되어 소멸한다 했다. 그 조건을 살펴보기로 하자.

최선순위전세권이 말소기준권리가 되는 경우는?

첫 번째로 전세권이 건물전부에 설정되고 경매 신청을 한 경우다. 아파트나 다세대주택, 분양상가 등 『집합건물소유 및 관리에 관한 법률 제20조』에 따라 구분소유자의 대지사용권과 전유부분을 분리처분할 수 없는 집합건물에 설정된 전세권은 임의경매 신청을 할 수가 있다. 최선순위전세권자가 경매 신청을 하게 되면 그 권리가 말소기준권리가 된다. 또한 배당요구한 것으로 간주되어 건물부분과 토지부분의 매각대금에서 우선적으로 배당을 받고 전세권은 소멸된다.

자료4-16. 최선순위전세권자의 경매 신청 사례

❷ 감정평가서 요약/진행결과/임차관계/등기권리

감정평가서 보기 GO

소재지/감정서	면적(단위:㎡)	진행결과	임차관계/관리비	등기권리
(06593) [목록1] 서울 서초구 반포동 ▓▓ 102동 4층 ▓호 [고무래로 ▓▓] [지도][등기][토지이용] [구분건물] • 본건은 서울특별시 서초구 반포동 소재 원촌초등학교 남서측 인근에 위치하며, 주변으로 공동주택 및 근린생활시설 등이 혼재하는 지대임. • 본건까지 차량출입 가능하고, 인근에 버스정류장 및 지하철 3,7,9호선 고속터미널역이 소재하는 등 전반적인 대중교통 사정은 보통임. • 철근콘크리트구조 (철근콘크리트지붕 6층건내 4층 401호서외벽: 석재붙임마감 등내벽: 벽지 및 일부 타일마감창호: 샷시창호임. • 다세대주택(도시형생활주택)	대지 16.5/671.4㎡ (5평) 건물 24.48㎡ (7.41평) 보존등기 2017.03.20 토지감정 225,000,000 평당가격 45,000,000 건물감정 150,000,000 평당가격 20,242,920 감정기관 정감정	감정 375,000,000 100% 375,000,000 유찰 2020.12.03 80% 300,000,000 변경 2021.01.07 ※매각기일 미지정 [법원기일내역]	▶법원임차조사 김▓▓ 전입 2018.12.11 확정 - 배당 - 보증 3억1000만 점유 주거 (임차인 김▓▓부모) 김▓▓ 전입 2019.05.13 확정 - 배당 - 보증 - 점유 주거 (현황서상) *총보증금 310,000,000 [임대수익률계산] ▶전입세대 직접열람 GO 김** 2018.12.11 열람일 2020.11.19	* 집합건물등기 전세권 김▓ 2017.09.15 310,000,000 (2017.09.15 ~2019.09.14) [말소기준권리] 소유권 안▓▓ 이 전 2017.09.20 전소유자: 김▓ 매매(2016.05.09) 압 류 성북세무서장 2019.04.01 압 류 서울특별시 2019.04.19 임 의 김▓ 2019.10.11 (2019타경2799▓) 청구액 310,000,000원

출처 : 부동산태인(www.taein.co.kr)

매각물건명세서

사 건	2019타경79▓ 부동산임의경매		매각 물건번호	1	작성 일자	2020.11.18		담임법관 (사법보좌관)	이▓▓	
부동산 및 감정평가액 최저매각가격의 표시	별지기재와 같음		최선순위 설정		2017.09.15.전세권		배당요구종기		2019.12.26	

부동산의 점유자와 점유의 권원, 점유할 수 있는 기간, 차임 또는 보증금에 관한 관계인의 진술 및 임차인이 있는 경우 배당요구 여부와 그 일자, 전입신고일자 또는 사업자등록신청일자와 확정일자의 유무와 그 일자

점유자 성 명	점유 부분	정보출처 구 분	점유의 권 원	임대차기간 (점유기간)	보증금	차임	전입신고 일자, 사업자등록 신청일자	확정일자	배당 요구여부 (배당요구일자)
김▓		현황조사	주거 임차인		미상	미상	2019.05.13	미상	
김▓		현황조사	주거 임차인		미상	미상	2018.12.11	미상	
김▓	102동 4층 ▓▓호 전부	등기사항 전부증명서	주거 전세권자	2017.09.15. ~2019.09.14.	310,000,000				2019.10.10.

<비고>
- 임차인 김▓는 전세권자 김▓▓의 조카임.
- 임차인 김▓는 전세권자 김▓▓의 자녀임.
- 전세권자 김▓는 경매신청채권자임.

출처 : 대법원 경매 정보(www.courtauction.go.kr)

자료4-16 사례의 경매 물건을 살펴보면 6층 중 4층/1호 전유부분의 대지권이 있는 도시형생활주택으로 최선순위전세권자 김○○가 임의경매 신청을 하고 말소기준권리가 된 것을 알 수가 있다. 이러한 정보의 내용을 매각물건명세서를 통해 확인을 하고 판단을 하면 된다.

그러나 같은 전세권이라도 다가구주택의 일부에 전세권을 설정했다든지, 구분 분양상가가 아닌 근린상가 등의 상가 일부분(예로, 5층 중 2층 등 부분전세권)에 전세권설정을 한 경우에는 전세권이 설정된 부분에만 해당이 되고, 토지에는 그 효력이 미치지 못하기 때문에 임의경매 신청을 할 수가 없다.

이러한 부분전세권이 경매를 진행할 수 없는 상태에서 제3자에 의한 경매가 진행되더라도 말소기준권리에는 해당이 안 되고, 선순위권리로 배당을 받는다 해도 전세권이 설정된 건물부분에서만 우선배당을 받을 뿐 토지분에서는 배당을 받을 수가 없다. 따라서 미배당된 부족분에 대해서는 매수자가 부담해야 하는 위험부담이 있어 이러한 전세권이 있는 물건은 전세권의 범위를 구별하고 추가부담금 등을 꼼꼼히 살펴야 한다. 이러한 부분전세권자가 굳이 경매를 신청하려 한다면 별도의 소송을 통한 집행권원으로 강제경매 신청을 해서 배당을 받아야 한다. 그러나 이러한 방법은 실효성이 없어 이런 경매 물건은 거의 없다 보면 된다.

두 번째로는 전세권이 건물전부에 설정되고 배당요구를 한 경우에도 해당된다. 경매 신청을 하지 않았지만 최선순위전세권인 상태에서 제3자가 경매 신청을 했더라도 배당요구를 한 경우에는 최선순위전세권이 말소기준권리가 되고, 건물부분과 토지부분의 매각대금에서 우선배당을 받게 되며 전세권은 소멸하게 된다.

자료4-17. 최선순위전세권자의 배당요구 사례

출처 : 부동산태인(www.taein.co.kr)

자료4-17 사례의 물건은 다세대주택에 선순위로 전세권이 설정된 물건으로 제3자에 의해 경매가 신청되었지만 전세권자의 배당요구에 의해 말소기준권리가 된 것을 확인할 수가 있다.

지금까지 전세권에 대한 권리의 내용과 선순위전세권이 말소기준권리가 되는 조건을 살펴보았다. 전세권에 대한 권리분석은 그 전세권이 선순위인지 후순위인지를 살펴보고, 선순위전세권이 말소기준권리에 해당되는지 여부를 먼저 파악하는 것이 핵심사항이다. 그리고 선순위전세권자가 부분전세권인지, 전체전세권인지, 경매 신청권자인지, 배당요구를 했는지 여부를 확인을 한 후 전세입자가 임대차법상의 대항요건을 갖추었는지를 훑어보아야 비로소 낙찰 후 전세권을 인수하는지 부담이 없는지를 최종 판단할 수가 있다.

선순위전세권자의 지위와 임차인 지위와의 상관관계

앞서 설명한 것과 같이 주임법이나 상임법이 생기고 임차인 보호규정이 강화되면서 특별한 사정이 있는 경우를 제외하고는 전세권은 줄어들고 있다. 이런 추세에 의해 경매 물건에서도 전세권이 설정된 물건이 많이 나오는 편이 아니고, 특히 선순위전세권이 있는 물건은 더욱 그러하다.

그런데 전세권이 설정된 물건에는 주민등록이전 등 대항요건을 갖출 수 없는 특별한 사정이 있는 경우를 제외하고 대다수의 전세입자가 임대차법상의 대항요건이 있는 임차인의 지위를 갖추고 있는 경우가 많다. 입찰자 입장에서는 전세권이 설정된 물건의 권리분석은 어렵지 않게 한다 해도 이렇게 두 개의 권리가 모두 있는 물건에 대한 권리분석은 좀 더 신중하게 살펴보아야 한다. 왜냐하면, 두 권리는 분리된 권리가 아니고 한 가지의 목적이 있는 권리로, 상호 보완적 성격의 지위를 가지고 있다. 두 권리를 같이 행사할 수도 있고, 유리한 쪽을 선택해서 안전하게 전세보증금을 변제받을 수 있기 때문이다. 선순위전세권자의 지위와 임차인의 지위 두 개의 권리 모두를 가지고 권리를 행사하는 경우와 선순위전세권자의 지위는 있으나 임차인의 지위가 없는 경우에 낙찰자의 인수와 부담이 달라지는데, 한번 살펴보도록 하자.

최선순위전세권자가 임차인의 지위가 없는 경우

최선순위전세권이 건물 전부에 설정되고 경매 신청을 하거나 배당요구를 하게 되면 말소기준권리가 되어 매각대금을 우선해서 배당을 받고 소멸된다. 그런데 최선순위전세권자가 임차인의 지위가 없는 경우에는 미배당금이 발생해도 매수자가 인수를 하지 않는다. 전세권자의 손실이 발생될 가능성이 크다. 따라서 이러한 이유로 학업이나 직장 등 특별한 이유로 주임법이나 상임법상 대항요건을 갖추지 못해 임차인의 지위가 없는 선순위전세권자가 배당요구를 할 가능성이 낮은 만큼 문건송달내역 등을 꼼꼼히 확인해 배당 여부를 챙겨봐야 할 물건이다.

선순위전세권자가 배당요구를 하지 않은 경우

만일 임차인의 지위가 없는 선순위전세권자가 경매 신청을 하지 않았거나 후순위채권자 등의 경매 절차에서 배당요구를 하지 않았다면 매각대금에서는 배당을 포기하고 매수자에게 전세보증금 전액을 부담시키겠다는 것이다. 입찰자 입장에서는 이러한 물건을 특히 더 조심해야 한다. 전세보증금 전액을 부담해야 함은 물론, 전 소유자와의 잔여계약기간까지도 기다려야 하는 등 인도에도 상당한 어려움을 감수해야 한다.

선순위전세권자 이자 임차인의 지위가 있는 경우

선순위전세권자의 권리는 강하다. 배타적 권리로 용익물권이자 담보 물권으로, 전세보증금을 타 권리보다도 우선적으로 지킬 수 있는 방법으로는 아주 강한 권리다. 자료4-16, 17사례 물건처럼 전세권자의 지위로 배당요구를 해서 전세보증금을 매각대금에서 안전하게 우선배당 받을 수 있고, 대항요건을 갖춘 임차인의 지위를 함께 갖추고 있으면 미배당금이 발생한다 해도 대항력 있는 임차인의 보증금은 전액변제 되지 않으면 소멸되지 않기 때문에 낙찰자이자 매수자가 부족분을 부담해야 된다.

그리고 선순위전세권자로서 배당요구를 하지 않고 임차인의 지위만으로 배당요구를 했을 경우에도, 임차보증금 전액을 받지 않는 한 선순위전세권은 소멸되지 않고 매수자에게 인수된다.

이에 대한 판례를 요약해서 보면 다음과 같다.

> 최선순위로 전세권등기를 마치고 임대차계약을 체결해 주임법상 대항요건을 갖추었다면, 동일인이 같은 주택에 대해 전세권과 대항력을 함께 가지므로 대항력으로 인해 전세권설정 당시 확보한 담보가치가 훼손되는 문제가 없어 최선순위전세권자로서 배당요구를 해서 전세권이 매각으로 소멸되었다 하더라도 변제받지 못한 나머지 보증금에 기해 대항력을 행사할 수 있고, 그 범위 내에서 임차주택의 매수인은 임대인의 지위를 승계한 것으로 보아야 한다(대법 2010.07.26.자2010마900판결 참조).

선순위전세권자 이자 대항요건을 갖춘 후순위임차인

선순위전세권에 선순위임차인의 지위를 함께 가지게 되는 전세입자의 권리는 강하다. 그러나 선순위임차인이 아니더라도 선순위전세권설정등기 후에 그 지위를 강화하기 위해 후순위로 대항요건을 갖추게 되면 임차인의 지위가 소멸이 되지 않아 선순위전세권으로 미배당금이 발생하더라도 그 부족분은 낙찰자가 인수해야 한다는 것이 대법원 판례다(대법원2010마900 판결 참조).

통상적으로 보면 후순위임차인은 말소기준권리와 함께 소멸한다. 그러나 선순위전세권이 있는 경우에는 후순위라도 선순위임차인의 대항력을 인정해 같은 지위의 선순위전세권을 보완한다는 것을 알 수가 있다.

이와 같이 선순위전세권이 설정되어 있는 물건은 경매 입찰자들에게는 까다로운 권리로 배당요구를 했다 해서 인수할 금액이 없을 것이라거나, 후순위임차인이라 해서 섣불리 판단해서는 안 된다.

결국 선순위전세권이 설정된 물건을 입찰하기 위해 전세권에 대해 권리분석을 한다면, 반드시 해당 건물에 거주하는 전세입자에 대해 주택임대차보호법이나 상가임대차보호법상의 대항요건을 갖춘 임차인인지를 같이 검토해야 한다. 그러나 이렇게 두 개의 강한 권리를 가진 물건들이라 해서 권리분석이 어려울 것 같지만 꼭 그렇지만은 않다. 경매 시장에 많이 나오지는 않지만, 눈에 띄는 물건이 있으면 다른 사람이 피한다 해도 적극적으로 해볼 만하다. 어렵고 위험부담이 있다 해서 외면만 해서는 필요한 물건이나 기대 수익을 창출하기가 쉽지 않기 때문이다.

Part 05

권리분석의
주 대상,
임차인
권리 알기!

01 임차인의 벽을 넘어야 경매를 한다
02 임대차보호법의 적용 어디까지?
03 임차인 권리분석의 핵심, 대항요건과 대항력
04 대항력의 실무적 적용사례
05 임차인들이 믿는 확정일자에 대해서
06 임차인의 보루, 소액보증금과 최우선변제금
07 임차권등기명령과 임대차등기는 뭐가 다른가?

01 임차인의 벽을 넘어야 경매를 한다

경매에서 가장 어려운 일을 꼽는다면 단연코 임차인 처리 문제다. 말소기준권리를 찾고 인수와 소멸권리를 찾는 것은 그다지 어렵지 않다. 정보지에 나와 있는 내용으로도 쉽게 파악이 되는데, 그 속에 있는 임차인이 바로 권리분석의 주 대상이자 껄끄러움의 대상이다.

경매로 나오는 모든 건물에는 대부분 임차인이 다 있고, 설상가상 가장 임차인까지 보태면 거의 모든 건물에 임차인이 있다고 봐도 과언이 아니다. 드물게 소유자나 채무자가 점유하고 있는 건물이 나오기도 하는데, 이런 물건들은 권리분석 밖이라고 할 정도로 어렵지 않다.

임차인이 왜 어렵고, 껄끄럽고, 부담이 가고, 은근히 두려움까지 생기는 걸까? 경매를 꾸준히 하는 사람들도 임차인에 대해

"임차인의 벽을 넘지 않고서는 경매를 할 생각을 마라"라는 말들을 할 정도로 임차인은 경험자에게도 항상 버겁고 힘겨운 대상이고, 초보자에게는 더더욱 그렇다. 임차인은 경매의 시작부터 끝까지 나오는 주연이다.

때로는 강한 대항력을 가지고 매수인을 웃게 할 수도, 울게 할 수도 있고, 배당요구에서 채권자의 지위에 있기도 하고, 쪽박 차는 피해자일 수도 있다. 그야말로 북도 치고 장구도 치고 노래도 부르는 주연인 것이다. 그리고 경매 절차의 마지막 단계인 건물의 명도에 있어서 그야말로 극에 달해 바로 이 부분이 매수인에게 큰 벽으로 다가오는 것이다.

임차인 입장에서 보면 전 재산이나 다름없는 임차보증금을 본인의 잘못도 없이 일부 또는 전부 잃게 되고 강제로 쫓겨나게 되는 상황인데, 이런 절박한 상황에서 우호적인 임차인이 어디 있겠는가?

현장답사차 방문을 시도하는 사람들에게 적대감을 표하고 문전박대하며 냉대를 하거나, 낙찰자에게 명도협의 과정에 여러 형태의 반발을 보이며 이주비를 조금이라고 더 받아보려 애쓰는 것이 어찌 보면 그들이 할 수 있는 최선의 방법 아니겠는가. 이런 딱한 임차인을 누가 나무랄 수 있겠는가. 그렇다고 인정에만 매달릴 수도 없는 것이 경매의 현실이다.

그래서 임차인은 이래저래 어렵다. 그렇다고 임차인 처리가 어렵다 해서 경매를 못한다는 것은 말도 안 된다. 입찰하기 전부터, 아니 경매에 입문하기 전부터 이미 임차인 처리가 쉽지 않다는 것 정도는 알고 했지 않은가. 이렇듯 임차인이 어렵기도 하지만 그 임차인을 보호하는 강한 임대차보호법을 제대로 알고 덤비면 어렵게 갈지 쉽게 갈지를 판단할 수가 있다.

02 임대차보호법의 적용 어디까지?

임대차보호법은 임차인의 지위가 유리하도록 만들어진 특별법으로 주택임대차보호법과 상가건물임대차보호법(약칭, 주임법, 상임법)이 있다. 주임법은 민법의 임대차에 특례를 규정해서, 특별법으로 주택임차인의 생활안정을 위해 최소한의 재산을 보호해서 안정된 생활을 할 수 있도록 하기 위해 만들어진 법이다. 상임법은 사회적으로 경제적 약자인 영세상가 임차인들의 경제생활안정을 도모하기 위해 제정된 법으로, 이 특별법에 반하는 어떤 법도, 계약상의 특약도 특별법에 반해서 임차인에게 불리한 조항은 무효로 해 임차인의 권리보존을 위한 법이다.

예를 들어 통상 상가임대차계약서를 작성할 때는 특약으로 '임차인은 임대인에게 권리금을 요구할 수 없고 인정하지도 않는다'라는 특약이 늘 붙는다. 그러나 이제는 그러한 특약이 있다 해서 특약 우선이 아니라 특별법이 우선으로 임차인을 보호한다.

그렇다고 임차인을 무조건 다 특별법으로 보호해주지는 않는다. 법에서 정한 일정한 요건을 갖추어야 보호를 받을 수 있다. 특히 일반 거래에서의 법 적용과 경매에서의 적용을 달리하는 규정이 많다.

주택임대차보호법의 적용범위

『주택임대차보호법 제2조』를 보면 '주거용 건물의 전부 또는 일부의 임대차에 적용한다'고 규정하고 있다. 민법의 규정에는 소비대차, 사용대차, 임대차의 규정이 있다.

소비대차는 근저당과 같이 돈을 빌려 쓰는 약정이고, 사용대차는 무상으로 남의 물건을 사용하는 것이다. 그에 반해, 임대차는 당사자 일방이 상대방에게 목적물을 사용, 수익하게 할 것을 약정하고 상대방이 이에 차임을 지급할 것을 약정함으로써 그 효력이 생긴다.

그렇기 때문에 임차인으로 특별법의 보호를 받으려면 반드시 임대차계약이 있어야 하고 임대보증금이나 월세 등 차임에 대한 약정이 있어야 한다. 차임이 없거나 일시거주를 위한 임대차는 임차인으로서 보호를 받을 수 없다.

그러면, 어떤 건물들이 주택임차인으로서 보호대상이 될까? 등기된 건물은 물론 미등기건물, 가건물, 무허가건물, 불법건축물, 컨테이너, 농막, 비닐하우스의 거주자도 실제 주거로 사용하는 건물로 임대차계약을 체결하고 차임이 약정된 임차인은 전부 보호를 받을 수 있다.

또한 상가점포에 딸린 방을 주거용으로 사용한다든지, 공장 내에 컨테이너에 근로자가 숙식하고 있는 등 비주거용 건물에도 실제로 주거수단으로 사용하고 있다면 보호대상이 된다. 결국 주택임대차보호법의 취지상 보호대상 여부는 공부상 건축물의 용도나 인, 허가상의 적법성은 따지지 않고, 형식적 용도도 따지지 않고 실질적으로 주거용도로 사용하면 적용을 받는다. 이러한 폭넓은 적용으로 경매에 나온 거의 모든 건물에 임차인이 있다고 보고 권리분석을 해야 한다.

상가건물임대차보호법의 적용범위

이 법의 적용범위도 주임법의 적용대상처럼 임차한 상가가 미등기 건물이든, 무허가든, 비영업용건물인 주택을 임차해서 놀이방이나 학원 등 영업용 건물로 이용하든, 공부상표시가 아닌 건물의 현황, 용도 등의 실질적 판단으로 사업자등록을 할 수 있는 건물이면 모두 적용대상이다. 그 건물의 용도의 판단은 임대차계약체결 시점으로 판단해 상임법의 적용을 받게 된다. 예외적으로 교회, 사찰, 자선단체 및 종친회사무실, 동창회사무실 등 비영리 단체로 임대한 건물은 적용을 받는 임차인으로 보지 않는다.

그러나 대상 건물의 범위에 속한다고 상임법의 적용을 다 받느냐 하면, 그렇지도 않다. 주임법에서는 임대보증금의 상한 없이 적용을 받지만 상임법에서는 '대통령령으로 정한 보증금액을 초과하는 임대차에 대해서는 그러하지 아니한다(상가건물임대차보호법 제2조)'라고 규정하고 대상 건물의 범위에 속한다 해도 대통령령으로 정한 보증금액을 초과하는 상가임대차에 대해서는 상임법의 적용을 배제하고 있다.

대통령령으로 정한 보증금액이란 임차보증금과 월세금액에 100의 비율로 합한 환산금액을 말하며, 부동산 시세와 실정에 맞게 지역별로 구분해서 차등적용을 해서 시행하고 있지만, 현실에 미치지 못한 규정으로 상당수의 상가임차인들이 상임법의 적용을 받지 못하고 있는 실정이다.

환산보증금 지역별 기준표

자료5-1. 담보물권(근저당권, 저당권) 설정일 기준 : 2019.04.02~

지역	법 적용대상 (환산보증금 기준)	소액보증금의 범위	최우선변제액
서울특별시	9억 원 이하	6,500만 원 이하	2,200만 원
과밀억제권역 및 부산광역시 (서울특별시 제외)	6억 9,000만 원 이하	5,500만 원 이하 (부산 : 3,800만 원)	1,900만 원 (부산 : 1,300만 원)
광역시 (과밀억제권역에 포함된 지역과 군 지역 및 부산광역시는 제외) 세종, 파주, 화성, 안산, 용인, 김포, 광주	5억 4,000만 원 이하	3,800만 원 이하	1,300만 원
그 밖의 지역	3억 7,000만 원 이하	3,000만 원 이하	1,000만 원

환산보증금 계산법

> **환산보증금 = 임대보증금 + (월세×100)**

　이와 같은 계산방법에 의해 최초근저당 설정일 기준 당시의 환산보증금으로 적용해서 초과할 때는 상임법의 적용을 받지 못하는 것이다. 예를 들어보면, 최초 근저당설정일이 2019년 4월 2일 이후에 과밀억제권역에 해당하는 서울지역이 있다고 하자. 보증금 2억 원, 월 800만 원에 임대차계약이 된 경우를 적용해보면, 2억 원+(800만 원×100)=10억 원의 환산보증금으로 상한액인 9억 원을 초과해서 법의 적용을 받지 못하는 임차인이 된다.

환산보증금 초과 시에도 상임법의 적용을 받는 주요 규정

　상가임대차보호법은 주택임대차보호법과 달리 보증금의 제한을 두고 환산보증금을 초과하는 임대차에 대해서는 법 규정을 적용하지 않도록 했다. 이러한 불합리한 법 규정으로 실질적으로 대항력은 있어도 법의 혜택을 받지 못해 건물에서 강제로 쫓겨나는 등 상가임차인들의 피해가 많이 발생하자 몇 가지 중요 부문에 대해서는 예외규정을 두어 환산보증금을 초과하는 임대차도 상임법의 보호를 받도록 적용했다.

예외규정의 주요 내용

가. 사업자등록과 건물인도를 하면 대항력이 생긴다는 규정(제3조)
나. 계약갱신요구 시 10년까지 임대차기간을 연장한다는 규정(제10조)
다. 권리금의 정의 및 회수나 보호에 관한 규정(제10조의 2~8)
라. 표준계약서 작성 등(제19조)

이러한 예외규정 중 계약갱신이나 권리금에 대한 부분은 상가 임차인들에게는 경매로 매각되지 않는 한, 비교적 안정적으로 상행위를 할 수 있는 중요한 규정들이다. 특히 기간의 연장이나 말도 많고 탈도 많은 권리금에 대한 규정은 상대적 약자라 할 수 있는 임차인에게는 가뭄에 단비와 같은 규정이라 할 수 있다. 그리고 경매에 있어서도 환산보증금을 초과해도 대항력을 부여하는 규정도 상가임차인의 임차보증금을 보다 안전하게 보호하는 측면에서 아주 중요한 규정이다. 입찰자 입장에서는 주택이든 상가든 대항력 있는 임차인은 부담의 대상이라는 것을 염두에 두고 입찰에 응해야 한다.

비예외규정의 주요 내용

이러한 예외규정에도 불구하고 환산보증금 초과 시 상가임차인이 보호를 받지 못하고 배제되는 중요한 규정도 있다.

가. 환산보증금 초과 시 임대료 인상률의 상한제 연 5%의 적용을 받지 못한다
　　(상가건물임대차보호법 시행령 제4조).

나. 환산보증금 초과 시 소액임차인에 해당되지 않아 경매로 매각 시 최우선변
　　제금을 받지 못한다(제14조).

다. 환산보증금 초과 시 제3조에 의한 대항요건을 갖추고 확정일자가 있어도
　　경매로 매각 시 우선변제를 받지 못한다.

라. 환산보증금 초과 시 제6조의 임차권등기명령제도가 적용이 안 된다.

　그나마 2015년 5월 13일 법 개정으로 중요부분 몇 가지를 예외규정으로 두어 영세상인의 경제생활안정을 보장하기 위한 목적으로 보완을 했지만, 서울을 비롯한 수도권의 상가보증금이나 월세가 상당히 높은 것을 감안해볼 때 경매로 매각 시 영세임차인에게 주어지는 최소한의 권리인 최우선변제금이나 확정일자부 우선변제권, 임차권등기명령제도의 중요한 권리를 환산보증금 초과 시 상가임차인이 법의 혜택을 받지 못하는 등 현실을 반영하지 못하는 부분들을 개정 보완해야 할 규정이 많다.

03 임차인 권리분석의 핵심, 대항요건과 대항력

주택임대차보호법상의 대항요건이란?

임대차와 임차인을 아는데 추가로 빠져서는 안 될 핵심요소를 꼽으라면 대항요건과 대항력인데, 비슷한 말 같지만 그 뜻과 개념은 엄연히 다르다.

대항요건이란, 임차인이 임대차계약을 한 후 주택의 인도(점유)와 주민등록의 전입신고를 마쳤을 때 주임법상의 임차인으로 인정되는 요건이다. 『주택임대차보호법 제3조』(대항력 등)를 보면 '임대차는 그 등기가 없는 경우에도 임차인(賃借人)이 주택의 인도와 주민등록(전입신고)을 마친 때에는 그다음 날로부터 제3자에게 효력이 생긴다'라고 규정하고 있다.

임차인(임차인 본인뿐만 아니라 배우자나 직계존비속 포함)이 대항요건을 구비해야 주택임대차보호법상 임차인으로 증명이 되어서 보호를 받고, 나아가서 제3자에게도 임차인으로서 권리를 주장할 수가 있는 것이 법제3조의2 ②항에서 이 조건을 대항요건으로 확인할 수 있다.

예를 들어보자. 직장관계나 사업적 비즈니스로 인해 회사 근처에 집을 얻어 이사를 하고는 주민등록은 가족이 있는 집에 그대로 있는 경우가 왕왕 있다. 이런 경우 임대차계약을 하고 입주해서 거주를 한다 해도 주임법상 대항요건을 갖추지 못해 임차인으로서 아무런 권리가 없어, 임대인이 느닷없이 계약해지를 통보하고 나가달라 하거나, 차임인상을 요구해도 대항을 할 수가 없고, 경매로 매각 시에는 대항요건 미비로 소액보증금에 의한 최우선변제금조차도 배당을 못 받는 안타까운 일이 발생하게 된다. 이렇듯 대항요건을 갖추지 못하면 일반매매에서도, 경매에서도 불이익을 받을 수밖에 없게 되는 것이다.

대항력은 어떤 권리인가?

대항력이란, 한마디로 대항요건을 갖춘 임차인이 임차한 주택이 매매, 교환, 증여, 상속, 등의 원인으로 소유권의 변동이 생기더라도 남은 임대차기간 동안 또는 갱신기간(2년+2년) 동안 본래의 목적대로 주거생활을 계속할 수 있고, 기간이 만료되면 보증금전액을 반환받을 수 있는 권리를 말한다.

법제3조에서 대항력의 효력은 대항요건을 갖추고 그중 늦은 날의 다음 날 0시에 효력이 발생한다고 규정하고 있는데 자료를 통해 살펴보자.

자료5-2 대항력 효력 발생일

입주일(점유)	전입신고일(주민등록)	효력 발생일
1. 2018 .10.20	2018. 10.20	2018. 10.21 오전 0시
2. 2019. 01.15	2019. 02.20	2019. 02.21 오전 0시
3. 2019. 02.25	2019. 02.20	2019. 02.26 오전 0시

위의 자료5-2 예시를 살펴보면

1. 입주일과 전입일이 같으므로 10월 20일의 다음 날 오전 0시가 대항력효력 발생일이 된다.
2. 전입신고일이 늦은 날로 그다음 날 2월 21일 오전 0시가 대항력효력 발생일이 된다.
3. 입주일이 늦은 날로 그다음 날 2월 26일 오전 0시가 대항력효력 발생일이 된다.

경매와 일반매매의 대항력의 효력이 다르다는데!

그렇다. 다르다. 천지차이일 정도다. 대항력이 뭐라 했던가? 대항력이 있으면 임차주택의 소유권 변동이 생기더라도 임대차기간의 보장과 임차보증금 전액을 반환받을 수 있는 권리가 있다 했다.

그러나 경매에서의 대항력은 사정이 그렇지 못하다. 대항요건을 갖추었다 해서 주임법상 그다음 날 0시에 곧바로 대항력의 효력이 발생하지 않는다. 따져볼 게 있다는 말이다. 『주택임대차보호법 제3조 1항』의 대항요건에 의한 대항력의 효력에 대한 규정은 일반매매 등에 의한 임대차에 적용되는 규정이지 경매에서 그대로 적용되지 않는다는 것이다. 경매에서 대항력을 가지려면 또 다른 요건을 충족해야 하는데, 대항력의 효력발생일이 기준권리보다 선순위이어야 비로소 대항력을 가질 수 있게 된다.

대항력의 효력발생일(대항요건을 갖춘 다음 날 0시)과 말소기준권리(Part 04 참조)의 등기날짜와 비교해 임차인의 대항력 유무를 가리게 된다. 임차인의 대항력효력 발생일이 말소기준권리보다 늦으면 후순위임차인으로서 대항력 없는 임차인이 되고, 반대로 임차인의 대항력효력 발생일이 말소기준권리보다 빠르면 선순위임차인으로서 대항력 있는 임차인으로 구별되는 것이다.

자료5-3 경매 물건 보기

소재지/감정서	면적(단위:㎡)	진행결과	임차관계/관리비	등기권리
(03 [목록1] 서울 서대문구 연희동 ▨▨ [지도] [등기] [토지이용] [토지] · 본건은 서울특별시 서대문구 연희동 소재 서연중학교 북측 인근에 위치하며 주변은 단독주택, 다가구주택 등이 소재하는 주택지대로서 제반 주위환경은 보통시 됨. · 본건까지 차량접근이 가능하고 인근에 노선버스정류장이 소재하는 등 제반 교통상황은 보통시 됨. · 사다리형의 토지로서 주거용 건부지로 이용중임. · 동측 및 서측으로 로폭 약 3미터 내외의 포장도로에 각각 접함.	대 지 · 283.3㎡ (85.7평) 표준공시 2,765,000 개별공시 2,875,000 감정지가 6,310,000원/㎡ 토지감정 1,787,623,000 평당가격 20,859,080 감정기관 도시감정	감정 1,872,728,800 100% 1,872,728,800 변경 2020.05.12 100% 1,872,728,800 유찰 2020.07.21 80% 1,498,183,000 변경 2020.08.25 80% 1,498,183,000 유찰 2020.11.10 64% 1,198,546,000 변경 2020.12.15 100% 1,872,728,800 변경 2021.01.19 100% 1,872,728,800 예정 2021.02.23 [법원기일내역]	▶ 법원임차조사 이▨▨ 전입 2013.01.18 확정 2013.01.21 배당 2019.09.20 보증 4억 점유 단독주택 전부/주거 (점유:2013.01.21.~) (박▨▨ 배우자) 이▨▨(증액분) 전입 2016.05.21 확정 2018.07.20 배당 2019.09.20 보증 1억5000만 점유 단독주택 전부/주거 *총보증금:550,000,000 [임대수익률계산] ▶ 전입세대 직접열람 [GO]	최종등기변동확인 ❓ 근저당권이전 질권설정 2021.01.11 * 건물등기 소유권 김▨▨ 이 전 2003.09.24 전소유자: 정▨▨ 매매(2003.08.18) 근저당 비엔에스자산금융대부 2018.07.20 912,000,000 (강남대부동산금융의 근저이전) [말소기준권리] 근저당 웰컴저축은행 (을지로입구역지점)

출처 : 부동산태인(www.taein.co.kr)

　　자료5-3의 사례에서 보면 말소기준권리의 등기날짜는 2018년 7월 18일이고, 임차인의 전입날짜는 2013년 1월 18일로 임차인이 날짜가 빠르다는 것을 알 수가 있다. 이렇게 말소기준권리를 기준해서 앞서면 대항력 있는 임차인이고, 늦으면 대항력 없는 임차인이다.

　　따라서 임차보증금을 낙찰자가 인수하느냐 마느냐는, 대항력이 있느냐 없느냐로 분석을 한다. 그리고 자료5-3의 사례 물건처럼 대항력 있는 임차인이 있는 물건인 경우 배당신청 유무, 낙찰 후에 인수금액의 정도 등 세심한 분석을 한 후에 취득 목적에 따른 필요성이나 수익성 등을 종합분석 후 입찰을 해야 하느냐 마느냐의 판단을 하면 된다.

상가임대차보호법상의 대항요건과 대항력

상가건물임대차의 대항요건은 상가건물의 인도와 사업자등록을 마치면 인정된다. 임차인이 상가건물의 인도를 받고 사업자등록 신청을 하면 다음 날 0시에 대항력의 효력발생일이 된다. 상가건물의 대항력도 주택임대차보호법에서 기술한 내용과 같이 말소기준권리보다 앞서야 대항력을 가질 수가 있다.

이처럼 주택이나 상가건물에서 대항요건 구비는 임차인의 권리를 보장해주는 것은 물론이고, 경매에 있어서 말소기준권리와의 선후를 가름해 대항력 유무를 판단하는 기준이 되는 것이다. 임차인 입장에서는 보증금을 회수할 수 있느냐 없느냐를 결정하고, 낙찰자 입장에서는 부담하느냐 마느냐의 중요한 기준이 된다는 것을 알아야 한다.

실무에서 보면 임차인의 점유나 인도 날짜 여부를 확인하기가 쉽지 않아 주민등록(전입신고일)이나 사업자등록신청일을 기준으로 대항력의 효력발생일을 따지는데, 입찰자들이 알면서도 무심코 실수하는 경우가 있다. 자료5-3에서 보면 전입일자가 2013년 1월 18일이지만, 대항력 취득일은 다음 날인 1월 19일 0시다. 그런데 그냥 18일로 보는 경우가 있다.

권리분석에 있어서 작은 실수 하나가 큰 손실을 가져올 수 있다는 걸 기억해야 한다.

04 대항력의 실무적 적용사례

대항력 있는 임차인은 힘이 세다 했다. 경매로 소유자가 바뀌어도 배당요구를 안 하고, 존속기간까지 살 수 있으며, 매수인에게 임차보증금전액을 반환받을 수 있고, 확정일자부 선순위 임차인은 배당요구로 보증금을 배당받을 수도 있는 소위 쌍칼을 가진 권리다.

경매에서 대항력은 대항요건과 선순위의 조건을 갖춤으로써 그 효력이 발생하는 것인데, 실무에서 대항력의 발생 유무를 두고 해석이 분분하고 소송 또한 끊이질 않는데 종종 일어나는 문제들을 훑어보자.

임차인의 가족이 먼저 전입하고 후에 임차인이 전입 시

통상 세대합가라고 부르는데, 임차인인 세대주가 여타 사정으로 주민등록을 못하고 동일세대원 중 일부가 먼저 전입신고를 하고 나서, 근저당이 설정되고, 그 이후에 임차인이자 세대주가 전입한 후 담보권실행에 의한 경매 신청이 되었을 시 임차인의 대항력 취득일을 언제로 볼 것인가 하는 문제다. 이에 대해 대법원은 '가족구성원이 최초로 전입 신고한 날짜를 기준으로 대항력이 발생한다'라고 판결했다(대판95다30338).

자료5-4 세대합가의 전입일 이해도

위 자료에서 보면 근저당설정일자와 임차인(세대주)의 전입 날짜가 같은 날이지만 대항력효력발생일은 다음 날 0시다. 임차인의 대항력취득일은 2020년 2월 3일 0시로 임차인은 말소기준권리보다 후순위로 대항력 없는 임차인이 되어 낙찰자에게 대항할 수 없는 권리가 된다.

입찰자 입장에서 전입세대열람표에 나와 있는 임차인(세대주)의 날짜만 보고 후순위로 판단해 입찰해서는 안 되는 이유다. 바로 이런 경우에 법원은 가족의 전입날짜를 임차인의 최초전입일로 보고 대항력을 인정해주는 판결을 한 것이다.

경매 정보지를 지참하고 읍·면·동사무소에서 전입세대열람 시에는 반드시 동거인을 포함해서 신청해야 한다. 그래야 세대주는 물론 가족들의 전입일자를 확인할 수가 있고, 대항력 유무를 판단할 수 있는 것이다. 알고도 실수, 모르면 당연 실수로 이런 일이 종종 발생하고 그래서 손해를 보고 소송도 하게 된다. 그래서 세밀하게 확인해야 한다.

임차인이 일시 퇴거를 했다가 다시 전입했을 경우

가족의 주민등록을 그대로 둔 채 임차인 자신만 일시적으로 옮긴 경우에는 대항력과 확정일자부 우선변제권은 그대로 유지된다. 그러나 임차인과 세대원전원이 주민등록을 퇴거했다가 재전입할 때는 종전 대항력은 상실하게 된다. 재전입 다음 날 0시의 효력발생일과 말소기준권리의 날짜에 따라 대항력의 유무를 다시 가리게 된다. 전입세대열람표를 세심하게 확인해야 하는 이유다.

선순위임차인이 무상거주확인서를 작성 후 대항력을 주장하는 경우

통상적으로 금융기관이 부동산 담보대출을 실행하기 위해서는 대출 신청자 소유 건물에 임차인이 있는지에 대해 실사를 한다. 선순위 세입자가 거주할 경우에는 해당 보증금 상당액을 공제 후 대출을 실행하기 때문에 소유자 입장에서는 원하는 금액을 대출받지 못한다. 이런 경우에 소유자는 은행에서 감정을 나오면, "별일 아니니 임차인이냐고 물으면 그냥 일시적으로 무상거주를 하고 있다"라고 해달라며 부탁을 하는 경우가 종종 발생한다.

임차인 입장에서는 안 해주자니 건물주와의 관계가 껄끄럽고, 해주자니 찜찜하지만 대개는 건물주의 사정과 부탁을 들어 무상임대차확인서를 써주는 경우가 다반사로 일어난다. 다행히 이런 물건이 별일 없으면 건물주와 임차인 간의 사이가 원만하겠지만, 문제는 건물이 경매로 나오면 임차인의 입장은 어찌 되겠는가? 전입일자가 빠른 선순위임차인인 경우 그야말로 건물주의 편의를 봐주려다 쪽박신세가 된다.

우선변제권이 있는 대항력 있는 임차인이 대출은행에 무상거주확인서를 작성해주고 경매절차에서 권리신고 및 배당요구를 했지만 배당을 받지 못하자 낙찰자에게 대항력을 주장한 소송 건에서 대법원의 최종판결을 살펴보자.

임차인이 권리신고 및 배당요구를 함으로써 임대차계약의 내용 등이 매각물건명세서에 기재되어 공시되었고, 낙찰자는 이를 신뢰하고 임차인의 보증금이 전액 매각대금에서 배당되어 임차보증금반환채무를 인수하지 않을 것을 전제로 하여 매수가격을 결정했다 봄이 상당하므로, 임차인의 무상거주확인서 작성 사실 때문에 배당표가 경정되어 보증금을 전액배당 받지 못하게 되었다고 하여 주택임대차보호법에 의한 대항력을 주장하는 것은 금반언 및 신의칙에 위반 된다 판단하고 매수인의 건물인도청구에 대해 대항력 있는 임대차를 주장하며 임차보증금 반환과 건물인도와의 동시이행항변을 하는 것도 허용하지 않았다(대판2016다228215, 2017. 4. 17 선고).

건물과 대지에 말소기준권리가 다른 경우 임차인의 대항력 유·무의 적용기준은?

이런 경우에는 건물과 토지 중에 설정일자가 빠른 일을 기준으로 하는 것이 아니라 건물의 말소기준권리를 적용한다. 임차인의 대항요건(전입일 또는 사업자등록일)과 확정일자가 토지의 말소기준권리(근저당, 담보가등기, 압류 등)보다 선순위인 경우에는 토지에 대한 매각대금도 포함해 배당한다.

임차인이 토지의 말소기준권리보다는 후순위이나 건물의 말소기준권리보다 선순위인 경우에는 건물의 매각대금에서만 선순위로 배당한다. 권리의 순서에 상관하지 않고 배당받는 소액 임차인의 최우선변제금도 토지매각대금에서 제외한다.

토지만 매각되는 경우라면 설령 임차인이 대항력이 있다 해도 우선변제권만 인정 매수인은 부담하지 않고 토지매각분에서 배당요구만 가능하다.

전 소유자가 임차인의 지위로 변한 경우

주택의 소유자가 경매로 인해 임차인으로 바뀐 경우에는 새로운 소유자 앞으로 소유권 이전 등기일이 대항요건의 구비일이 되고 그다음 날 오전 0시가 대항력효력 발생일이 된다(대법 2001다61500).

종전 임차인과 낙찰자가 새로 계약을 체결한 경우

대항요건은 갖추었으나 대항력이 없던 종전 임차인이 낙찰자와 임대차계약을 체결한 경우에는 낙찰자가 매각대금을 납부해 소유권을 취득하는 즉시 대항력을 취득한다(대법2002다38361).

재경매 시의 대항력은

선순위임차인이 제1경매 절차에서 우선변제권을 선택해서 배당요구를 했으나, 보증금전액을 배당받을 수 없었던 때에 제2경매 절차에서는 우선변제권으로는 배당을 받을 수 없고, 낙찰자에게만 보증금을 반환받을 때까지 임대차를 주장할 수 있다 (대법2005다21166).

대항력의 존속기간

주택의 인도와 주민등록(전입신고), 즉 대항요건은 대항력을 갖기 위한 취득요건이자 존속요건이다. 민사집행법에서는 배당요구종기일까지만 대항요건을 갖추고 있으면, 그다음 날 이사를 가도 대항력과 확정일자부 우선변제권의 효력은 인정한다.

그런다 해도 배당요구 신청만 해놓고 이사를 가는 경우는 극히 드물고, 그럼에도 불구하고 급한 사정상 이사를 가게 된 상태에서 경매가 취소되어 재경매되면 임차인의 대항력과 우선변제권은 상실한다.

임차인 입장에서 부득불 이사를 가야 한다면 임차권등기명령제를 통해 임차권등기 후 이사를 해야 보호를 받을 수 있다.

05 임차인들이 믿는 확정일자에 대해서

믿는 도끼에 발등 찍힌다

"뭔 말이래."

"전입신고도 하고 확정일자까지 받았는데, 한 푼도 못 받는대."

"확정일자를 받으면 보증금을 우선변제를 받을 수 있다 했는데, 말짱 꽝이네."

"길거리에 나앉게 생겼네."

그렇다. 아직도 길거리로 나앉을 수 있는 경우가 알게 모르게 많다. 경매에서 확정일자를 받은 임차인들이 우선변제권의 권리로 얼마나 많이 보증금을 반환받을까?

실제 경매에서 그나마 보증금을 회수할 수 있는 선순위 임차인들은 전체 임차인 중에 약 10% 내외로 평하고 있고, 최근 어느 언론사의 보도를 보니 임차보증금 전액을 회수하지 못하는 임차인이 무려 40%가 넘는다고 한다. 이러다 보니 경매에서 임차인도 힘들고, 입찰자도 신경이 많이 쓰이는 것이다.

1981년 주택임대차보호법제정이 되고, 1983년에는 소액보증금에 따른 최우선변제금제도가 생겼다. 1989년에 확정일자가 제정되어 주택임차인 보호를 위한 틀을 갖추었고, 상가임대차보호법에서도 2001년에 법 제정과 함께 확정일자가 도입되었다. 이 제도가 도입되기 전에는 세입자들이 임차보증금을 지키기 위해 등기부에 설정되는 것을 꺼리는 건물주에게 사정사정을 해서 설정비용을 지불해가며 전세권등기를 해야 우선변제권을 겨우 가질 수 있었다.

이러한 확정일자 제도는 경제적 약자인 임차인의 어려운 점을 감안해 계약서에 확인도장 하나만으로도 전세권의 우선변제권과 같은 효력을 주어 경매로 매각 시, 배당에 참가해 확정일자보다 늦은 후순위 채권자보다 먼저 변제를 받을 수 있도록 한 좋은 제도다.

그러나 이렇게 임차인에게 중요하고 필요한 제도인 확정일자가 대항력 있는 일부 임차인 외의 대다수 임차인들을 안전하게 보호해주지 못하고 있는 실정이다. 그런데 많은 사람들이 확정일자만 받으면 보증금을 보호받을 수 있는 것으로 잘못 알고 있고 그렇게 믿고 있다.

사실 경매를 하니까 대항요건, 대항력을 따지지 일반인들은 그게 뭔지 알지도, 알려고도 하지 않는다. 그저 전입신고와 함께 이사를 하고 계약서에 확정일자를 받으면 나중에 경매를 당하더라도 보증금을 반환받을 수 있으니 안전하다고 하는 정도다. 그러나 문제는 그렇지 않다는 데 있다. 그래서 임차인이 어렵다.

확정일자와 우선변제권

확정일자란 주택인 경우 동사무소·읍·면사무소 등에서, 상가일 경우에는 해당 소재지 세무서에서 임대차계약을 체결한 날짜를 확인하고 임대차계약서에 확인날짜가 있는 도장을 찍어주는 것을 말한다. 이렇게 확정일자를 부여받으면 등기부상의 전세권등기와 같은 순위보전의 효력으로 임차주택이나 임차상가건물이 경·공매로 매각 시 후순위권리자나 그 밖의 채권자보다 우선변제를 받을 수 있는 효력을 갖게 되는데, 이런 효력을 확정일자부 우선변제권이라 하는 것이다.

그러나 확정일자를 받고 우선변제권을 확보했다고 해서 효력이 발생하는 것은 아니고, 일정한 요건을 갖춰야 한다. 한번 살펴보기로 하자.

우선변제권의 성립요건

첫 번째, 임대차보호법의 규정에 의한 대항요건을 갖추고 확정일자를 받아야 한다.

임차인이 대항요건을 갖추어야 주택임대차보호법상 임차인으로 보호를 받게 되고, 확정일자를 받아야 우선변제권을 갖게 된다. 대항요건도 없이, 즉 전입신고 또는 사업자등록 신청도 없이 임차계약서에 확정일자를 받을 수는 있어도 임차건물이 경·공매로 매각 시 우선변제권이 발생하지 않는다.

두 번째, 배당요구종기까지 배당요구를 해야 한다.

확정일자를 왜 받는가? 확정일자는 만일에 대비해 후순위권리자들보다 우선변제를 받기 위해 하는 것이다. 그러나 확정일자는 일반매매에 있어서는 아무런 의미도 효력도 없다. 오로지, 임차주택이나 상가가 경·공매로 매각 시에 배당순위를 보전하고 그 순위에 따라 후순위 배당권자보다 먼저 받을 수 있는 효력을 갖는 것뿐이다.

채권자가 경매 신청을 하고, 법원은 개시결정을 한다. 그 외 현황조사, 감정평가, 매각물건작성 등 일련의 절차를 거쳐 배당요구종기를 지정한다. 2002년에 민사집행법이 제정되기 전까지는 배당요구종기가 지금의 매각결정기일까지였으나, 지금은 첫 매각기일 이전에 지정된 배당요구종기까지 배당요구를 해야 한다.

민사집행법 이전의 민사소송법에서 배당요구종기와 매각기

일이 시차가 없어 배당요구를 철회한 사실을 알 수 없는 많은 낙찰자들의 피해가 속출했는데, 개정 이후로는 정보지를 조금만이라도 관심 있게 보면 확인할 수 있어 그런 피해는 상당히 줄었다.

일단, 임차한 물건이 경매가 시작되면 임차인은 반드시 배당요구종기 내에 배당신청을 해야 한다. 대항요건을 갖추고 확정일자까지 받아 우선변제권이 있는데, 기일 내에 배당요구를 하지 않거나 기일이 지나 배당신청을 하면 우선변제권을 상실해 그나마 배당을 받을 수 있는 금액이 있다손 치더라도 받지를 못한다.

여기서 유의할 사항은 법원은 배당요구기일이 지나도 배당신청접수를 받지만, 배당은 안 해준다는 사실이다. 그래서 입찰자는 물건정보를 확인 시 배당요구종기일과 임차인의 배당신청날짜를 세밀히 검토해야 한다. 우선변제권이 있는 선순위임차인이라도 종기가 넘어 신청하면 배당이 안 되기 때문에 매수인이 부담하게 된다.

세 번째, 대항요건을 배당요구종기까지 유지해야 한다.

대항요건을 갖춘 임차인은 아무리 급한 일이 있어도 배당요구종기일 전까지는 전출해서는 안 된다. 아무리 선순위임차인이라도 배당요구종기가 지나기 전에 임차건물에서 이사(주민등록이전이나, 사업자등록 말소)를 하면 임대차에서 가장 중요하다는 대항요건을 상실하게 되어 확정일자에 의한 우선변제권이나 소액보증금에 의한 최우선변제금뿐만 아니라 선순위임차인인 경우에도 매수인에게도 보증금 반환을 주장할 수 없게 된다.

지금까지 살펴본 것과 같이 임차인이 확정일자를 받아 우선변제권이 있다 해도 조건을 갖추고 유지를 해야 후순위권리자보다 먼저 배당을 받게 되기 때문에 입찰자 입장에서 물건검색 시 확정일자의 내용도 꼼꼼히 잘 살펴볼 필요가 있다.

통상 경매 물건을 보면 90% 이상이 임차인보다 1차, 2차에 걸친 앞선 근저당이 많고 가압류 또한 많아 배당순위에 따라 이들 권리를 배당하고 나면 설령 임차인이 확정일자로 우선변제권을 확보했다 해도 보증금을 배당받을 확률이 상당히 낮은 것이 현실이다.

대항력의 효력 발생일과 확정일자의 우선변제권 효력 발생일 계산법

대항요건과 확정일자가 같은 날이면 대항요건 기준일 다음 날 0시에 대항력과 우선변제권을 같은 날에 갖게 되고, 확정일자가 빠르고 대항요건이 늦으면 확정일자 받은 날이 아니라 대항요건 기준일 다음 날 0시에 대항력과 우선변제권의 효력을 갖게 된다. 확정일자가 대항요건보다 늦으면 받는 날 당일에 우선변제권의 효력이 발생하고, 대항력은 대항요건일 중 늦은 날인 다음 날에 발생한다. 자료를 통해 이해해보자.

자료5-5 대항력과 우선변제권의 효력발생일

입주일	주민등록전입일	확정일자	우선변제일
1. 2018.10.25	2018.10.25	2018.10.25	2018.10.26. 오전 0시
2. 2018.09.15	2018.09.14	2018.09.02	2018.09.16. 오전 0시
3. 2019.11.12	2019.11.12	2019.11.15	2019.11.15. 주간
4. 2019.12.25	2019.12.31	2019.12.31	2020.01.01. 오전 0시

1. 입주일과 전입일이 같고 확정일자도 같은 날로, 대항력과 우선변제권의 효력 발생일이 10월 26일 오전 0시에 발생한다.

2. 확정일자가 9월 2일로 가장 빠르지만 대항요건일 중 늦은 날의 다음 날인 9월 16일 오전 0시에 우선변제권과 대항력의 효력발생일이 된다.

3. 대항력은 11월 13일 오전 0시에, 우선변제권은 11월 15일 주간에 발생한다. 대항력의 효력발생일과 우선변제권의 효력발생일이 구분된다.

4. 전입신고일과 확정일자일이 같은 경우 전입신고일의 그 다음 날 1월 1일 오전 10시 대항력과 우선변제권의 효력이 발생한다.

대항력의 효력과 우선변제권 효력과의 구별

자료5-5 예시 3의 내용을 보면 대항력의 날짜와 우선변제권의 날짜가 구별된다는 것을 확인할 수가 있다. 대항력이 있는 상태에서 확정일자를 받으면 같은 개념으로 혼동하기 쉬운데, 대항요건과 대항력의 개념이 다르듯이 엄연히 다르다.

확정일자는 단순히 순위보전의 효력으로 받은 날을 기준으로 후순위권리보다 매각대금에서 우선배당을 받을 수 있는 우선변제권의 요건만 주어질 뿐이지, 대항요건이 말소기준권리보다 앞서느냐, 늦느냐에 따라 발생하는 대항력과 같은 권리도 아니고 그 효력도 달리한다.

대항력은 대항요건과 말소기준권리에 의해 발생되지 확정일자가 있거나 없거나 전혀 영향을 받지 않는다. 자료5-6. 근린주택 예시물건을 통해 제대로 알고 가자.

자료5-6. 근린주택 예시물건

소재지/감정서	면적(단위:㎡)	진행결과	임차관계/관리비	등기권리
(03435) [목록1] 서울 은평구 신사동 ▓▓ [갈현로 ▓▓] 지도 등기 토지이월 [토지] • 본건은 서울특별시 은평구 신사동 소재 서울기독대학교 서측 인근에 위치하며 주위는 단독주택, 다세대주택, 교육시설, 근린생활시설, 공공시설 등이 혼재하는 지역으로서 제반주위환경은 보통임.	감정 2,225,422,230 100% 2,225,422,230 유찰 2020.12.15 80% 1,780,338,000 변경 2021.01.19 80% 1,780,338,000 예정 2021.02.23 대 지 • 313.7㎡ (94.89평) 감정지가 6,350,000원/㎡ 토지감정 1,991,995,000 평당가격 20,992,680 감정기관 우솔감정	▶법원임차조사 이▓▓ 전입 2014.10.30 확정 2020.04.14 배당 2020.04.16 보증 2억2000만 점유 3층주거 (점유: 2014.10.30~) 송▓▓ 사업 2018.02.01 확정 - 배당 2020.07.03 보증 500만	▸건물등기 소유권 이▓▓ 이 전 2006.08.31 전소유자: 아▓▓ 매매(2006.08.02) 근저당 다온컨설팅대부 2016.07.07 960,000,000 (아이비케이저축은행의 근저이전) [말소기준권리]

감정평가서 요약/진행결과/임차관계/등기권리   감정평가서 보기 60

법원기일내역

출처 : 부동산태인(www.taein.co.kr)

자료5-6 예시물건의 법원임차조사내용을 보니 임차인 이○○가 3층 주택부분을 보증금 2억 2,000만 원으로 임대차계약을 하고 2014년 10월 30일에 전입신고를 해서 2014년 10월 31일 0시에 대항력을 취득하고 확정일자는 그로부터 몇 년 후인 2020년 4월 14일에 받고 우선변제권을 확보한 물건이다.

말소기준권리는 전입일자보다 늦은 2016년 7월 7일로 임차인의 대항요건 구비일보다 늦다. 따라서 임차인 이○○은 대항력 있는 선순위임차인이다. 다시 살펴보니 임차인 이○○가 배당요구종기 내에 배당요구를 했다.

그렇다면 과연 대항력 있는 선순위임차인 이○○은 확정일자에 의한 우선변제권으로 매각대금에서 우선배당을 받을 수가 있느냐가 관건이다. 선순위임차인이 배당을 받느냐 못 받느냐에 따라 경매의 차수가 달라지고 낙찰가가 달라진다. 사례 물건의 임차인 이○○은 비록 확정일자가 있는 대항력 있는 선순위임차인의 지위로 배당요구를 했으나, 법원은 한 푼도 배당을 해주지 않는다.

어째서 배당을 하지 않을까? 대항력도 있고 우선변제권도 있는데! 입찰자들은 이런 물건을 조심해야 한다. 대항력의 효력일과 우선변제권의 효력일이 다르기 때문이다. 임차인 이○○은 전입일자가 말소기준권리보다 앞서 선순위임차인으로 대항력은 분명 있지만 확정일자는 말소기준권리보다 늦다. 즉 우선변제권은 있으나 그 순위가 말소기준권리보다 늦기 때문에 배당요구를 했어도 우선배당이 안 되는 것이다.

대항력 자체로는 우선변제의 효력이 없다. 대항력이 있다 해서 매각대금에서 우선변제를 받는 것은 아니고, 확정일자에 의한 우선변제권이 대항력과 비례해서 말소기준권리보다 앞서 있는 상태에서 배당요구를 하면 비로소 우선배당을 받게 되는 것이다.

많은 사람들이 이 부분에서 헷갈려 하거나 잘못 알고 있다. '말소기준권리보다 전입일자가 빠른 대항력 있는 임차인인데, 확정일자일자까지 갖추고 배당요구를 했네. 매각대금에서 우선배당을 받으니 부담이 없겠네!' 이렇게 판단하고 입찰해서는 큰 코다친다. 자칫 알고도, 모르고도 실수를 할 수가 있어 물건검색 시 날짜 체크를 소홀히 해서는 안 된다.

그렇다 해서 대항력 있는 임차인이 보증금을 반환받지 못하냐 하면 그렇지는 않다. 대항력은 양날의 칼이란 말이 이런 때 실감난다. 단지, 우선변제권이 말소기준권리보다 늦어 법원에서 매각대금으로 배당을 받지 못할 뿐이지 보증금 전액을 매수인이 부담해야 한다.

따라서 자료5-6 예시물건이 확정일자가 있는 선순위임차인으로 배당요구를 해서 낙찰 후 부담금이 없을 것이라 판단하고 낙찰을 받는다면, 매각대금 외에 보증금 2억 2,000만 원을 부담해야 하는 물건이다.

상가임대차는 어떠할까? 상가임대차에서도 대항력의 효력은 주임법과 다를 게 없다. 우선변제권도 말소기준권리보다 확정일자가 늦으면 후순위 배당이 된다. 그러나 말소기준권리보다 확정일자가 빠르다 해도 환산보증금이 기준 금액을 초과했다면 우선변제권을 가질 수 없다. 대항력은 있으나 우선변제권이 없는 임차인의 보증금은 낙찰자가 인수해야 한다. 따라서 상가 투자 시에는 임차인의 대항력과 함께 환산보증금에 따른 우선변제권의 유무도 반드시 확인해야 한다.

06 임차인의 보루, 소액보증금과 최우선변제금

가뭄에 단비 같은 최우선변제권

"확정일자를 받으면 보증금을 지킬 줄 알았는데, 앞서서 줄 줄이 사탕처럼 걸려 있던 채권자들이 다 가져가 뿌리니 빈털터 리일세."

확정일자 제도는 서민들의 주거안정과 경제 생활의 안정을 목 적으로 한 특별법의 취지에 따라 임차보증금의 회수기회를 보 장하기 위해 만들어졌지만, 실제로는 부족한 부분이 많아 이 제 도를 믿고 있는 일반 서민들에게 큰 실망과 허탈감을 주고 있다. 이와 달리 소액보증금의 한도 내에서 부여되는 최우선변제권 은 임차인들에게 가뭄에 단비 같은 제도로 그나마 임차인들에게 큰 위안이 되고 있다. 일정한 요건만 갖추면 선·후순위를 불문하고 최우선해서 보증금 중 일정액을 배당해주기 때문이다.

확정일자에 의한 우선변제권은 순위에 따라 우선변제가 되기 때문에, 앞선 순위에서 다 가져가 돈이 없으면 못 가져가지만, 최우선변제권은 돈이 없어지기 전에 먼저 가져가는, 그야말로 배타적 권리를 가진 선순위근저당도 물리치는 힘센 천하장사다. 그렇다고 천하장사 타이틀을 그냥 주는 것은 아니다. 일정한 요건이 충족되었을 때 최우선해서 배당을 해주는데, 필수요건들을 살펴보기로 하자.

경매개시결정 전에 반드시 대항요건을 갖출 것

최우선변제권의 권리를 갖기 위해서는 임차인의 필수요건인 대항요건을 경매개시결정 전에 갖추어야 한다. 최우선변제권을 가진 임차인은 선순위권리들을 무시하고 최우선배당을 받기 때문에 선순위권리자들의 배당금에 손실을 가져오게 된다. 이러한 선순위권리자들의 예측하지 못한 손실을 보호하기 위해 경매개시결정 전에 대항요건을 갖춘 소액임차인에게만 최우선변제권을 부여한다.

그러나 경매개시결정기입등기 이전에 대항요건을 갖춘 소액임차인이 최우선변제권을 갖게 되는 것이 원칙이지만, 예외적으로 경매개시결정 6개월 전이나 과도한 채권이 설정된 임차건물(특히 주택이 많다)에 소액임차인으로 입주한 임차인에 대해서는 경매 법원에서는 보정명령이나, 심문절차 등 엄격한 조사를 한다.

이러한 조사를 거쳐 위장임차인으로 판명되면 설령 최우선변제권을 가진 소액임차인이라도 배당에서 배제한다. 설령, 경매가 임박한 사실도 모르고, 정상적 계약을 거쳐 거주한 사실을 증명해 법원에서 배당을 받았다 해도 그로 인해 손해를 보는 채권자의 배당이의신청으로 배당이 취소되고, 심지어는 사해행위로 형사고발까지도 당하는 사례가 일어나기도 한다. 물론 해당 물건의 낙찰자에게는 부담이 없다. 그러나 이런 임차인들이 예상되는 물건을 낙찰받게 되는 경우, 건물을 인도받기 위한 사전 준비를 위해서라도 이런 부분까지 사전에 체크를 해둘 필요가 있다.

배당요구종기일까지 대항요건을 유지하고 배당요구를 할 것

임차건물이 경매에 들어가면 여기저기서 연락이 오기도 하고, 우편함에 각종 유인물이 넘치는 등 이래저래 불편하고 심리적으로 불안하기도 하다. 그래서 참지 못하고 주민등록은 놔두고 다른 곳으로 이사하는 경우가 왕왕 있다. 이런 경우 대항요건 상실로 인해 최우선변제권을 잃게 된다. 부득이 이사를 해야 할 사정이 있더라도 배당요구종기일까지 배당요구를 하고 이사를 가야 권리를 보장받는다. 간혹, 권리신고와 배당요구서가 같은 줄 알고 권리신고만 하는 경우가 있는데, 반드시 같이 작성해서 제출해야 한다.

최우선변제권을 갖기 위해선 소액임차인이어야 한다

앞과 같은 요건을 구비했어도 임차인이 최우선변제권을 갖기 위해서는 주임법이나 상임법상 소액보증금 한도 내의 소액임차인이어야 한다. 보증금 중 일정액을 최우선변제를 해주는 소액보증금의 범위는 부동산 시장의 경제 상황에 따라 조정되고 지역별로 구분해서 적용한다. 그러나 부동산의 동향에 따라 소액보증금의 범위가 조정이 되도 최우선변제금을 받으려면 담보물 건설정일의 각 구간에 해당되는 보증금 범위 내에 있어야 한다.

경매로 인해 한 푼도 못 받고 길거리로 나앉는 사회적 약자인 서민들을 보호하기 위해 1984년부터(상가는 2002년) 소액보증금과 그에 따른 최우선변제권을 만들어 시행하고 있지만, 최근 들어 급격한 주택공급의 부족과 정부의 잦은 수요억제 정책으로 인한 시장의 역기능으로 인해 전세가격이 폭발적으로 상승해, 당초 정해진 소액보증금의 한도가 소액임차인을 보호하기 미흡해지는 상황이 심화되고 있다.

그동안 자료5-7에서 보듯 정부는 2~3년 주기로 소액보증금을 탄력적으로 상향조정하며 미흡하게나마 시장과의 형평성을 맞춰가려 하고 있지만, 최근에는 임대차 3법 등 시장의 수요공급에 의한 가격 질서를 무시한 급작스러운 정책으로 인해 전세가격이 폭등해 안 그래도 어려운 임차인들의 피해가 더 클 것으로 보인다.

자료5-7. 주택소액보증금 범위 및 최우선변제금액 한도

담보 물건 설정 일자	지역	임차보증금 범위	최우선변제 금액 한도
2008년 8월 21일부터	수도권 중 과밀억제권역	6,000만 원 이하	2,000만 원
	광역시(군 지역, 인천 제외)	5,000만 원 이하	1,700만 원
	기타 지역	4,000만 원 이하	1,400만원
2010년 7월 26일부터	서울특별시	7,500만 원 이하	2,500만 원
	수도권중 과밀억제권역	6,500만 원 이하	2,200만 원
	광역시(군 제외), 용인시, 안산시, 김포시, 광주시	5,500만 원 이하	1,900만 원
	기타 지역	4,000만 원 이하	1,400만 원
2014년 1월 01일부터	서울특별시	9,500만 원 이하	3,200만 원
	수도권 중 과밀억제권역	8,000만 원 이하	2,700만 원
	광역시(군 제외), 용인시, 안산시, 김포시, 광주시	6,000만 원 이하	2,000만 원
	기타 지역	4,500만 원 이하	1,500만 원
2016년 3월 31일부터	서울특별시	1억 원 이하	3,400만 원
	수도권 중 과밀억제권역	8,000만 원 이하	2,700만 원
	광역시(군 제외), 용인시, 안산시, 김포시, 광주시, 세종시	6,000만 원 이하	2,000만 원
	기타 지역	5,000만 원 이하	1,700만 원
2018년 9월 18일부터	서울특별시	1억 1,000만 원 이하	3,700만 원
	수도권 중 과밀억제권역 및 세종시, 용인시, 화성시	1억 원 이하	3,400만 원
	광역시(군 제외), 안산시, 김포시, 광주시, 파주시	6,000만 원 이하	2,000만 원
	기타 지역	5,000만 원 이하	1,700만 원
2021년 5월 11일부터	서울특별시	1억 5,000만 원 이하	5,000만 원
	수도권 중 과밀억제권역 및 세종시, 용인시, 화성시, 김포시	1억 3,000만 원 이하	4,300만 원
	광역시, 안산시, 광주시, 파주시, 이천시, 평택시	7,000만 원 이하	2,300만 원
	기타 지역	6,000만 원 이하	2,000만 원

* 상가 환산보증금에 의한 소액보증금 범위 및 최우선변제금액 한도(자료5-1참조, p187)

※ 수도정비계획법에 따른 과밀억제권역(담보물권 설정일 : 2009. 1. 15. 이전)

서울특별시, 의정부시, 구리시, 하남시, 고양시, 수원시, 성남시, 안양시, 부천시, 광명시, 과천시, 의왕시, 군포시, 시흥시(반월특수지역 제외), 남양주시 일부(호평동, 평내동, 금곡동, 일패동, 이패동, 삼패동, 가운동, 수석동, 지금동 및 도농동만 해당됨), 인천광역시[단, 강화군, 옹진군, 중구 운남동, 중구 운북동, 중구 운서동, 중구 중산동, 중구 남북동, 중구 덕교동, 중구 을왕동, 중구 무의동, 서구 대곡동, 서구 불로동, 서구 마전동, 서구 금곡동, 서구 오류동, 서구 왕길동, 서구 당하동, 서구 원당동, 연수구 송도매립지(인천광역시장이 송도신시가지 조성을 위하여 1990년 11월 12일 송도 앞 공유수면매립공사면허를 받은 지역을 말한다) 및 남동국가산업단지를 제외]

자료5-7을 다시 살펴보자. 소액보증금의 범위가 현재의 기준이 아닌 최초근저당설정 당시의 소액보증금을 기준으로 해서 최우선변제액의 한도가 정해져 있다. 이 부분이 세입자들을 헷갈리게 하고 어렵게 한다.

예를 들어보자. 나한숨 씨는 서울의 주택을 2019년 3월 12일 보증금 1억 1,000만 원/월 100만 원에 임대차계약을 하고, 전입신고 뒤 확정일자를 받고 세 들어 살고 있다. 그런데 느닷없이 경매가 들어와 놀랐지만 뭐 대항요건이라는 것도 갖추고 확정일자까지 받았는데 '별일 있겠어!' 하고는 배당신고를 마치고 기다렸는데 청천벽력 같은 소리를 듣는다. 한 푼도 못 받는단다.

"어떻게 이런 일이 있어? 법이 왜 이래? 할 거 다 했는데 뭐를 잘못한 거야?"

나한숨 씨는 잘못한 것이 하나도 없다. 운이 안 좋아 사는 집이 경매로 팔렸고, 굳이 잘못이 있다면 강제로 매각을 해놓고 세입자에게 돈 한 푼 안 주는 법원을 탓할 수밖에 없잖은가!

"그래도 받을 수 있을까요? 알아보니 보증금이 1억 1,000만 원이면 소액보증금이라 최우선변제금 3,700만 원이라도 받을 수 있다던데."

"나한숨 씨! 참으로 억울한 노릇입니다. 그나마 조금이라도 회수할 수 있을 줄 알았는데, 확정일자는 있어도 앞서서 다 가져가고 남는 게 없어 꽝이고, 그나마 한숨 씨 말대로 최우선변제금을 받을 수 있는지 확인해보니 그 집에 최초 담보물권(근저당) 설정일이 2018년 9월 17일이고 그 구간 중의 소액보증금

한도액이 1억 원이라, 나한숨 씨의 보증금이 초과되어 받을 수
가 없군요."

"법이 왜 이래요? 현행구간으로 기준을 하면 그나마 최우선변
제금이라도 건질 텐데, 왜 소급적용을 하는 거예요?"

이것이 경매의 현실이고, 이런 일이 비일비재하게 일어난다.

이렇게 그나마도 적게 정해놓은 최우선변제금마저 가져갈 수
없게 만든 악법(나한숨 같은 임차인에게만)은 바로 주임법 시행령
부칙 제4조 때문이다. 현행 기준이 아닌 최초 담보물권 설정 시
기에 해당하는 소액임차인만 최우선변제의 적용을 받도록 되어
있고, 그 구간에서 소액임차인에 해당하지 못하면 적용을 못 받
도록 되어 있기 때문이다.

그러나 1순위 담보물권 설정 구간에는 해당이 안 되고, 2순위
담보물권의 기준일에 해당될 때는 1순위 담보권자의 배당 후
남는 돈이 있다면 소액임차인 지위상승원칙에 따라 그다음 순
위인 2순위 담보물권자보다 우선해서 변제를 받을 수는 있다.

그리고 소액보증금 등 요건을 다 갖추었다고 배당을 다 받을
까? 그렇지 않다. 매각가액의 1/2 한도 내에서 최우선변제금이
배당된다. 예를 들면 경매 비용 등을 공제 후 다가구주택의 낙찰
가(대지가격 포함)가 3억 원이고, 세입세대가 총 10세대에 1세대
당 보증금이 2,000만 원으로 최우선변제권에 해당된다 해도, 주
택가격의 1/2 한도인 1억 5,000만 원으로 안분배당이 된다. 미
배당된 나머지 보증금에 대해서는 선순위채권자들이 배당받고
남은 돈이 있으면 우선변제의 순위에 따라 배당을 받을 뿐이다.

주임법시행령을 보면 담보물권 설정 시의 보증금액을 기준해서 소액보증금을 적용하도록 한다고 했는데, 그러면 그 담보물권은 어떤 물권인가?

민법상 물권은 용익물권과, 담보물권으로 나뉜다. 담보물권으로는 근저당이 대표적이라 할 수 있고, 대표적 용익물권으로는 전세권이 있다. 건물과 토지에 대한 담보적 기능의 역할이 있어 담보물권으로도 구분되고 있다.

여기에 근저당과 같은 담보적 기능을 가진 담보가등기가 있다. 그래서 주임법시행령 부칙 제4조에서 규정한 담보물권은 근저당, 전세권, 담보가등기로 알고 있으면 되겠다.

또한 흔치 않게 일부법원의 판결에서는 확정일자를 가진 임차인도 담보가등기권자와 유사한 지위에 있다는 대법원판례(대판 2007.11.15. 2007다45562참조)를 들어 확정일자를 기준으로 소액보증금을 적용하는 판결을 한 사례가 있기도 하다.

그러나 실무에서는 거의 근저당설정일이 기준일로 소액보증금을 산정하지만, 때로는 위와 같은 권리도 기준일이 될 수 있다는 것을 알고는 있어야 하겠다.

이처럼 소액보증금의 한도 및 최우선변제금의 한도액은 부동산 시장의 동향과 부동산 정책의 방향에 따라 조정을 해서 소액임차인들에게 도움을 주고 있지만, 최근의 임대차 3법 등과 같은 졸속정책의 시행으로 인해 전세가가 급등하는 시장에서 그 부담과 피해가 일반 서민에게 돌아가는 만큼 소액보증금과 최우선변제금의 상향조정이 시급히 필요하다.

07 임차권등기명령과 임대차등기는 뭐가 다른가?

　지금까지 임차인의 권리를 확보할 수 있는 중요한 조건들인 대항요건, 대항력, 확정일자, 우선변제권, 소액보증금, 최우선변제권에 대해 자세히 살펴보았다. 그중에서 임차인임을 증명할 수 있는 필수요건이자 임차보증금을 지킬 수 있는 가장 기본적 요건이 대항요건이다.

　그런데 이렇게 중요한 대항요건을 상실해도 임차인의 권리를 확보하는 전세권 외의 또 다른 권리가 있는데, 그런 권리가 임차권등기와 임대차등기다. 이 두 권리는 임차인의 보증금에 대해 담보 기능적 역할을 하는 측면은 같지만 절차나 권리확보의 내용 등에 있어서 약간의 차이가 있다. 한번 살펴보기로 하자.

임차권등기명령에 의한 임차권등기

이사해야 하는데 집주인이 돈이 없다며 보증금을 돌려주지 않고 직접 세를 빼서 가라고 한다. 다른 데로 전입하자니 상황이 난감하다. 보증금을 돌려받지 못한 상태에서 다른 곳으로 전입을 하는 순간 대항요건을 상실하게 된다. 이미 가지고 있던 대항력이나 확정일자에 의한 우선변제권을 상실하게 되어 보증금을 반환받기가 더욱 어려워진다.

임차인이 임대차 해지기간(주택은 만료 2월 전, 상가는 만료 1월 전) 내에 계약해지요청을 하게 되면, 임대인이 방 빼서 나가야 한다는 경우를 주변에서 흔히 본다. 그러고는 만료일이 지나도 돈이 있든 없든 새로운 임차인 핑계로 차일피일 미루며 보증금 반환을 안 해준다. 특히 부동산 경기의 침체로 전세가는 하락하고 임차인을 구하기 어려울 때 십중팔구 이러한 일이 생긴다.

이런 문제로 시민들의 피해가 늘어나고 사회문제가 되자 1999년에 임차권등기명령제도가 만들어졌다. 그럼에도 불구하고 이런 제도를 모르거나 알고도 집주인하고의 관계 등 여타 이유로 이 제도를 활용하기가 여의치 않아 피해를 보는 사례가 일어나고 있다.

임차인을 보호하는 임차권등기명령의 신청

주임법 제3조의 3이나 상임법 제6조에 의한 임차권등기는 주택이나 상가임차인이 임대차 기간이 종료되었는데도 임차보증금을 반환받지 못할 경우에 임대인의 동의 없이 관할 법원에 단독으로 신청해서 임차권등기를 하는 제도다.

절차도 어렵지 않고 비용도 적게 드는 간단한 방법으로 권리를 확보할 수 있는 제도다. 비용도 차후에 임대인에게 청구할 수 있다. 급히 이사를 가야 하는 임차인에게는 단비와 같은 제도다. 변호사나 법무사를 통해 대리 신청을 할 수도 있고, 임차인이 직접 관할 법원을 찾아 신청을 하면 일정한 기간(통상 2주 정도) 후 아래와 같이 등기부에 등재가 되고 임차권의 권리를 취득한다.

자료5-8. 임차권등기부 사례

순위번호	등기목적	접 수	등기원인	권리자 및 기타사항
2	주택임차권	2018년4월27일 제14237호	2018년4월20일 서울서부지방법원의 임차권등기명령 (2018카임5026)	임차보증금 금100,000,000원 차 임 1,500,000원 범 위 건물의전부 임대차계약일자 2017년9월14일 주민등록일자 2017년11월24일 점유개시일자 2017년11월24일 확정일자 2017년11월24일 임차권자 ■■■-******* 서울특별시 용산구 유엔빌리지길 ■■, 2■호(한남동, ■■■)
2-1				2번 등기는 건물만에 관한 것임 2018년4월27일 부기

-- 이 하 여 백 --

관할등기소 서울서부지방법원 등기국

임대차계약의 해지와 종료

임차권등기명령신청은 임대차가 끝난 후 보증금이 반환되지 아니한 경우에 법원에 신청하도록 규정하고 있는데, 임대차계약 상의 기간이 도래했다 해서 계약이 해지되고 종료되는 것은 아니다. 주택임대차보호법에는 임대인이 임대차기간이 끝나기 전 6개월에서 2개월 전(상가는 1월 전)까지, 주택임차인도 계약만료 전 2개월 이내(상가는 1월 전)에 계약조건의 변경이나 해지에 대한 통보를 하지 않으면, 전 임대차와 동일한 조건으로 다시 임대차한 것으로 본다는 묵시적 계약갱신기간이라는 조항이 있다.

다른 곳으로 이사를 해야 하는 상황이나 임차건물이 경매 진행 중이라면, 반드시 계약을 연장하지 않겠으니 계약만료 시에 보증금을 반환해달라는 통지를 내용증명으로 해두는 것이 좋다. 이를 소홀히 해서 계약기간 만료 후 묵시적으로 계약이 갱신되면, 임차인은 언제든지 해지통고를 할 수는 있으나 임대인이 해지통지를 받고 3월이 지나야 해지의 효력이 발생한다. 그만큼 임차권등기명령신청이 늦어진다는 것이다.

임차권등기명령에 의한 임차권등기의 효력

임대차기간의 종료로 임대차계약이 해지되고, 임차권등기명령신청으로 임차권등기가 완료되면, 주민등록을 빼고 자유롭게 이사를 해도 비록 대항요건은 상실할지라도 이미 가지고 있던 대항력이나 확정일자에 의한 우선변제권을 유지할 수 있게 된다.

임차권등기가 완료되어서 이사를 가고 난 후 임차주택이나 상가가 제3자에게 임대되거나 매매될 때는 대항력이고, 우선변제권이고, 따질 것도 없이 임차권 권리에 의해 보증금을 반환받을 수 있다. 임차물건이 제3자에 의하든, 임차권자의 압류에 의한 강제경매든, 경매로 매각이 되는 경우에는 비록, 이사를 가서 대항요건은 상실했다 할지라도 기왕에 임차인이 가지고 있던 소액보증금에 의한 최우선변제권이나 대항력 있는 임차인이라면, 대항력으로 낙찰자에게 임차보증금을 받을 수도 있고, 우선변제권이 있다면 그 순위에 의해 배당받을 수 있는 권리를 가진다.

임차권등기를 했다 해서 대항요건의 효력일이나 확정일자의 효력일이 등기일자로 변하지 않고 주임법상 취득한 효력일이 그대로 유지되는 것이다. 일단 등기를 하고 이사를 하면 임차권은 사용 수익적 권리보다는 담보적 기능이 목적이 된다. 그래서 임차권등기가 경매개시결정 전에 등기가 되어 있다면, 배당요구를 하지 않아도 당연히 배당받을 채권자가 되어 순위에 따라 배당을 받게 되고 경매개시결정 후라면 반드시 배당요구를 통해 권리의 순위에 따라 배당을 받게 된다.

경매 물건에서 임차권등기가 있다 해서 권리분석에 어려울 건 없다. 임차권자인 임차인이 선순위인지 후순위인지를 가리고, 현장답사 시에 임차권자가 이사를 갔는지, 이사를 간 후 무단거주자가 있는지만 살피면 된다.

임대차기간이 남았는데 임차권등기명령신청이 가능한가?

임차권등기명령신청은 임대차기간이 만료된 후에나 신청이 가능하다는데, 그렇다면 임대차기간이 아직 남아 계약이 해지가 되지 않은 임차건물에 임대인의 동의 없이 임차권등기명령신청이 가능한가?

우편함에 각종 경매 관련 우편물이 쌓이고, 많은 사람이 찾아오는 경우가 있다. 평온한 주거생활이 힘들어 다른 데로 이사 가려는데, 기간이 아직 남아 있으면 난감하다. 경매로 건물이 날아가게 생긴 건물주에게 이런 어려움을 이야기하며 임차권등기를 요청하면 순순히 동의해줄 사람은 거의 없다. 거꾸로 임차권을 할 수 있도록 인감을 떼어줄 테니 돈을 달라는 경우도 있을 정도다.

임대인의 동의 없이 임차권등기명령신청이 가능한지에 대해 관련 자료를 찾아보니 된다, 안 된다, 의견이 분분하다. 모 법무법인의 변호사가 올린 유권해석이 있다. 알아두어도 될 만한 내용이라 게재한다.

현재 살고 있는 임대차주택에 대해 경매가 진행 중이라면 임대인에게 이를 원인으로 한 임대차계약의 해지통보를 내용증명우편으로 하고, 이 우편이 임대인에게 송달된 후 주택임차권등기명령신청을 하면 된다.

임대인은 계약존속 중에 임차인이 임대차목적물을(=주택을) 사용, 수익에 필요한 상태를 유지하게 할 의무를 부담하기 때문이다.『민법 제623조』임대인이 의무를 다하지 못한 채 경매로 넘어갔기 때문에 이를 원인으로 한 계약해지청구가 가능하다.

임대차등기는 뭐가 다른데?

임차권등기명령에 의한 임차권등기는 주임법과 상임법상의 규정으로 임대인의 동의 없이 임차인의 신청만으로 가능한 것에 반해, 임대차등기는 민법의 규정에 따라 임대차계약 전이나 기간 중에 임대인 동의를 받고 등기를 한다는 큰 차이가 있다.

또 다른 차이는 임차권등기명령에 의한 임차권등기는 주택과 상가건물에 한정되어 있는 것에 반해, 임대차등기는 모든 부동산에 적용되는 장점이 있다. 하지만 등기시점에 주택이나 상가건물(상임법 적용대상)은 대항요건과 우선변제권을 취득하지만, 그 외의 건물이나 토지임대차는 우선변제권이 없어 경매 시 배당요구를 할 수 없다.

민법상 임대차등기는 건물주의 동의가 있어야 등기가 가능해, 대다수 건물주가 동의를 잘 안 해주는 관계로 활용도는 낮은 편에 속한다 할 수 있다.

Part 06

배당에
대해서

01 배당이란?

02 배당을 몰라도 경매는 한다

03 권리분석의 핵심, 선순위임차인의 배당권리는 알고 가자

04 보일 듯 안 보이는 권리도 확인하자

05 동시^{同時}배당인지 이시^{異時}배당인지 알고 하자

01 배당이란?

  경매에서 배당이란, 사건 부동산에 대해 법원이 주관해서 진
행하는 매각절차의 마지막 단계다. 채권자가 채무자의 부동산
을 법원에 경매 신청을 하면 법원은 정해진 절차에 따라 매각
을 진행한다.

  사건 부동산이 매각되고 낙찰자로부터 매각대금이 납입이 되
면, 법원은 민법, 상법, 주택(상가)임대차보호법, 민사집행법, 국
세기본법 등과 기타 법률이 정하는 원칙과 방법, 배당순위 등의
기준에 따라 배당표를 작성한다. 그 배당표는 경매 절차의 이해
관계인들이 배당기일 3일 전부터 열람을 할 수 있다.

  이러한 절차에 따라 교부권자(당해세, 조세)는 물론 배당을 받
을 수 있는 채권자와 배당요구를 한 권리자, 그리고 임차인들을
대상으로 우선변제의 순서에 따라 배분해주는 것을 말한다. 쉽
게 말해 법원이 대신 나서서 빚잔치하는 것을 말한다.

02 배당을 몰라도 경매는 한다

사건 부동산이 낙찰되면 빚잔치에 참여하는 사람들은 해당 물건에 얼기설기 걸려 있는 채권자들이다. 이들은 법원이 배당의 기본 원칙이나 방법, 순위 등에 따라 자신이 받을 돈을 정확하게 계산했는지 배당표를 작성해서 법원의 배당표를 열람 비교해서 따져본다. 그렇게 다른 채권자가 배당을 더 가져간다 싶거나, 가장 임차인 등에게 배당이 돌아간다 싶으면 배당이의신청 등을 해서라도 돈을 한 푼이라도 더 찾아간다. 이들이야말로 배당표를 작성해보고 분석해봐야 할 사람들이다.

이러한 배당표를 매각기일 전에 공개하면 입찰자들의 권리분석이 조금 더 수월할 텐데, 아쉽게도 입찰 예정자들에게는 공개가 되질 않아 열람 확인을 할 수가 없다. 그렇다고 입찰 예정 물건마다 일일이 배당표를 작성해봐야 경매를 할 것인가?

배당을 알기 위해 배당표를 작성해봐야 하는가?

"배당도 모르면서 경매를 하냐? 배당표 작성은 권리분석의 종합판이다. 배당표 작성을 해봐야 입찰 여부를 판단한다"라고 말하는 사람들도 있다. 물론 맞는 말이지만 머리를 무겁게 하는, 경매를 어렵게 하라는 말로 들린다. 그들의 말대로 입찰자가 관심 있는 물건마다 일일이 매번 배당표를 작성해서 분석하고 입찰 여부를 판단하는 것이 정석일 수도 있다.

그러나 그렇게 안 해봐도 경매는 할 수 있다. 이미 말소기준권리를 분석하는 과정에 인수권리와 소멸권리가 구별이 되고, 배당에 참여하는 권리가 어떤 권리인지, 해당 물건에서 배당을 받을 수 있는 권리가 어떤 권리인지는 파악이 되었는데 시시콜콜 배당표를 작성해볼 이유가 있겠는가?

그렇다. 학교수업을 하는 것도 아니고, 논문 쓰는 것도 아닌데, 흡수배당이나 순환배당 등 줬다 뺐다 하는 배당의 원칙이나 방법, 배당순위 등 그런 수학공식과 같은 복잡하고 헷갈리는 배당표를 입찰대상 물건마다 머리 싸매고 계산기 두드려가며 일일이 작성해보지 않고도 얼마든지 경매를 할 수 있다.

그러나 말소기준권리를 찾고 인수권리와 소멸권리를 구별해서 배당을 받을 수 있는 권리가 어떤 권리인지는 파악이 되었는데, 그래도 배당의 윤곽정도는 알아야 하겠다. 특히나 경매의 시작부터 끝까지 나오는 주연이라는 임차인의 배당금을 말이다. 그렇다. 적어도 임차인의 배당 여부는 반드시 짚고 가야 한다.

임차인이 전세권자이든, 임차권자이든, 대항력이 있는 임차인이든, 후순위임차인이든, 배당요구종기 내에 배당요구를 했는지, 철회를 했는지, 당연배당권자인지, 배당을 받지 못하는지 등 임차인의 배당금 유무를 알아야 추가 인수금이 있는지의 여부도 알 수가 있고, 그에 따른 명도의 난이도도 헤아려보고 입찰 여부를 결정할 수 있게 된다. 또한 낙찰 후 건물을 인수를 받기 위해서는 협상을 해야 하는데, 그 대책을 세워볼 수도 있다.

그렇다고 계산기 두드리며 치열하게 배당표를 작성해서 알아보자는 건 아니다. 배당표 작성을 하지 않고도 쉽고 빠르게 분석할 수 있는 방법을 알아보자.

사설 경매 정보 사이트에서 배당표 분석하기

대다수의 경매 참여자들은 무료로 사용하는 대법원 경매 정보 사이트를 기본으로 하고, 유료로 이용하는 굿옥션이나 부동산태인 등 사설 경매 정보 사이트 한두 곳을 선택 활용한다. 이러한 사설 경매 정보 사이트에서는 대법원 경매 정보 사이트에서 부족한 부분을 아주 디테일한 부분까지 분석해서 사용자들에게 제공하고 있는데, 정보제공의 방법이나 정확성 등은 사용자들마다 느끼는 것이 다르겠지만, 필자의 경험으로는 대동소이하다 본다.

자료6-1. 경매 물건 보기

❯ 감정평가서 요약/진행결과/임차관계/등기권리　　　감정평가서 보기 [GO]

소재지/감정서	면적(단위:㎡)	진행결과	임차관계/관리비	등기권리
(　　　　) [목록1] 인천 서구 불로동 　　 아파트 106동 16층 16 호 [검단로 1] 지도 등기 토지이율 [구분건물] · 본건은 인천광역시 서구 불로동 소재 불로초등학교 북측 인근에 위치하고, 본 건 주위는 단독주택, 다세 대주택, 아파트, 전, 답, 근 린생활시설 등이 혼재한 지역으로서 주위환경은 보 통임. · 본건까지 차량의 접근이 가능하고, 인근에 버스정 류장이 소재하는 등 제반 교통조건은 보통임. · 철근콘크리트 벽식조 경사 슬래브지붕 18층건 내 160 2호로서(사용승인일 : 199 9,11,25,)외벽 : 몰탈위페 인팅 마감 등,내벽 : 벽지 도배 및 일부 타일붙임 마 감등으로 탐문됨,창호 : 샷 시창호 등. · 아파트임. · 기본적인 위생설비 및 급 배수시설, 도시가스에 의	대 지 · 70,7/26386㎡ (21,38평) 건 물 · 134,925㎡ (40,81평) 총 18층 중 16층 보존등기 2000,01,13 토지감정 94,000,000 평당가격 4,396,640 건물감정 141,000,000 평당가격 3,455,040 감정기관 현산감정	감정 235,000,000 100% 235,000,000 유찰 2020,04,28 70% 164,500,000 진행 2020,06,02 법원기일내역	▶ 법원임차조사 김 전입 2018,03,15 확정 2016,10,17 배당 - 보증 1억9000만 점유 1602호 전부/주거 (점유 : 2018,03,15이후부 터) (임차권자 겸 신청채 권자) ▸총보증금:190,000,000 임대수익율계산 ▶ 전입세대 직접열람 [GO] 전입 없음 열람일 2020,04,17 ▶ 관리비체납내역 · 체납액:2,000,000 · 확인일자:2020,04,14 · 기간미상 · 전기수도포함가스별도 ☎ 032-565-　　 ▶ 관할주민센터 서구 불로대곡동 ☎ 032-560-	+ 집합건물등기 소유권 김　　 이 전 2011,05,27 280,000,000 전소유자: 박　 매매(2011,05,26) 근저당성　　 2018,06,21 120,000,000 [말소기준권리] 가압류 삼성카드 2018,11,26 19,854,750 가압류 비엔케이캐피탈 2018,12,06 14,538,926 가압류 박　　외4 2019,01,03 218,853,248 임차권 김　 2019,01,16 190,000,000 (전입:2018,03,15 확정:2016,10,17)

출처 : 부동산태인(www.taein.co.kr)

자료6-1-1. 예상배당표

❯ 예상배당표　　　태인권리분석 보기 [GO]

☞ 최저경매가 및 등기부상의 설정금액을 기준으로 작성이 되고 있으므로 입찰금액이 높아지거나 실 채권액이 설정금액보다 적을 경우에는 배당금액의 변경으로 인해 인수여부 및 인수금액 등에 변화가 생길 수 있습니다. 입찰금액 또는 등기부상 채권금액의 수정 및 그에 따른 예상배당표의 재작성은 태인권리분석의 '정보수정후분석' 기능을 이용하시기 바랍니다. 바로가기

* 입찰가정가 : 1억 6450만원 (최저경매가기준)　　　　　　단위 : 만원

권리	권리자	등기/확정일	전입/사업	채권액	채권배당금	미수금	인수여부	비고
법원경비	법 원	-	-	-	384	0		
압류	서구	2019-06-24	-	체납상당액	교부청구액	0	말소	보기
임차권	김	2016-10-17	2018-03-15	1억 9000	1억 6065	2,934	인수	자동배당요구 경매신청채권자
근저	성	2018-06-21	-	1억 2000	0	1억 2000	말소	말소기준권리
가압	삼성카드	2018-11-26	-	1,985	0	1,985	말소	-
가압	비엔케이캐피탈	2018-12-06	-	1,453	0	1,453	말소	-
가압	박　 외4	2019-01-03	-	2억 1885	0	2억 1885	말소	-
가압	상상인저축은행	2019-09-26	-	3,036	0	3,036	말소	-
강제	김	2019-11-19	-				말소	-
합 계				5억 9361	1억 6450	4억 3295		

❯ 임차인 현황/예상배당표

(말소기준권리일:2018-06-21, 소액임차기준일:2018-06-21, 배당요구종기일:2020-02-10)　　　현황조사서 [GO] / 매각물건명세서 [GO]

임차인	선순위대항력	보증금/차임	낙찰자 인수금액	비고
김동원	전입 : 2018-03-15 (有) 확정 : 2016-10-17 배당 : 2019-01-16	보증 : 190,000,000원	배당액 : 160,650,000원 미배당 : 29,350,000원 인수액 : 29,350,000원	임차권등기자

자료6-1의 사례 물건은 태인경매 정보 사이트에서 발췌하고 대법원 경매 정보에서 확인한 물건으로, 경매 물건보기란을 보면 물건의 위치나 주변 환경, 부동산의 표시와 대지권여부, 감정가격 등의 감정평가, 경매 진행 과정, 임차인관계, 등기상권리와 말소기준권리 등 중요내용을 한눈에 파악할 수가 있다. 이 부분을 확인한 후 예상배당표를 살펴보자.

예상배당표를 보면 굳이 설명이 필요하지 않을 정도로 등기부상의 선·후순위권리를 등기접수일자순으로 분류해 그에 따른 배당 여부를 작성했고, 권리분석의 핵심이라고 하는 인수, 소멸권리를 말소기준권리를 기준으로 알기 쉽게 분석해놓았다. 이 한 장의 배당표로 권리분석이 깔끔하게 정리가 된다.

내가 직접 배당표를 작성한들 이보다 더 잘할 수 있을까? 머리 무겁게 배당표를 작성한다고, 애쓰고 시간낭비를 할 필요가 없지 않은가! 소멸권리의 배당금과 인수권리인 선순위임차인의 배당에 대한 내용이 아주 세밀하게 제공되고 있다. 사설정보지를 홍보하자는 건 분명 아니다. 필자도 유료로 구독하는데 시쳇말로 돈값은 한다. '이걸 어떻게 100% 믿나' 하고 못 믿는 사람은 직접 배당표 작성해보고 나머지를 알기 위해 등기부등본을 보는 법 등 기초 경매를 배우는 것이다.

경험 있는 투자자들은 특수물건이 아닌 이상 권리분석에 많은 시간을 허비하지 않는다. 그래서 "권리분석은 1분이면 족하다"라는 말이 생긴 것이다.

제시한 물건이 관심물건이라 검토하고 있다면 예상배당표만

보고도 입찰 여부를 판단하는 데 그리 오랜 시간이 필요하지 않다는 것이다.

배당표를 기준으로 입찰 여부에 대한 권리분석을 해보자

임차인 김○○은 자료6-1의 사례 물건을 임차보증금 1억 9,000만 원에 임대차계약을 한 후 2016년 10월 17일자로 확정일자만 받고 대항요건을 갖추지 않은 상태에서 거주했다. 그러다 2018년 3월 15일 전입신고를 하고 대항요건을 갖추었다. 확정일자는 전입일자보다 빠르게 받았지만 우선변제권의 효력일은 전입일자의 다음 날 2018년 3월 16일 0시에 확정일자의 효력을 갖게 된다.

말소기준권리를 보니 2018년 6월 21일에 설정된 근저당이다. 이로써 임차인 김○○은 말소기준권리보다 앞선 우선변제권과 대항력을 가진 선순위임차인이다. 등기부를 보니 임차인 김○○이 임차권등기명령을 신청해서 주택임차권을 취득 후 2019년 11월 19일에 강제경매 신청을 했다.

자료6-1-2. 집합건물등기부등본 임차권 표기내용

| 12 | 주택임차권 | 2019년1월16일
제18472호 | 2018년12월10일
인천지방법원의
임차권등기명령
(2018카임5███) | 임차보증금 금190,000,000원
범 위 16층 1602호 134.925㎡ 전부
임대차계약일자 2016년10월14일
주민등록일자 2018년3월15일
점유개시일자 2018년3월15일
확정일자 2016년10월17일
임차권자 김███ 850429-******
인천광역시 서구 검단로 ███, 106동 16██호
(███동, ███아파트) |

배당표의 내용을 보면 등기상 설정되어 있는 4건의 후순위 가압류와 압류채권인 교부청구액(당해세가 아닌 국세나 지방세로 법정기일이 등기상권리나 확정일자부 우선변제권보다 늦으면 소멸되고 당해세인 경우는 우선배당)은 말소기준권리와 함께 소멸된다. 임차인은 배당요구를 하지 않았지만 등기상 임차권자이자 경매신청권자로 자동배당권자가 되어 배당을 받게 되는데, 임차권 등기일이 기준이 아니라 말소기준권리보다 앞선 우선변제권과 대항력 있는 선순위임차인으로 우선배당을 받게 되는 것을 확인할 수가 있다.

자료6-1-1 예상배당표는 낙찰금액이 최저입찰가를 1억 6,450만 원으로 예상하고 작성한 것이다. 말소기준권리를 비롯한 소멸권리의 배당금은 0원으로 경매 집행 비용을 공제한 전액을 선순위권리자인 임차권자가 전액 배당받는 것을 확인할 수가 있다.

사례 물건의 가격을 평가해보면 최초매각가격의 기준이 되는 감정가 2억 3,000만 원은 2019년 11월 22일에 산정된 가격이다. 매각시점 6월 전의 시세로 현재 실거래가 시세는 국교부, KB부동산, 인근 공인중개소 등에서 확인결과 2억 4,000~2억 6,000만 원에 거래가 형성되고 있다.

선순위임차인의 미배당금을 인수해야 하는 물건 특성상 최저입찰가 1억 6,450만 원에 단독입찰해서 낙찰을 받는다면, 미배당금 2,935만 원을 부담하고, 입찰가를 1억 9,000만 원으로 낙찰을 받는다면 추가 부담금은 없게 된다. 입찰금액을 얼마에 쓰느냐는 입찰자의 컨디션에 따라 판단할 문제로, 매입총액은 1억 9,000만 원이다. 이러한 입찰금액으로 낙찰을 받게 되면, 취득세나 등기에 소요되는 부대비용을 제외하고도 시세차익이 대략 4,000만 원 정도 전후의 수익이 예상되는 물건으로 분석이 된다.

어떠한가? 입찰자 스스로가 배당의 기본 원칙이나 방법 등에 따라 수학공식 풀 듯 배당표를 치열하게 작성 안 해봐도 배당에 대한 권리분석을 할 수 있고, 그에 따라 입찰 여부를 판단할 수가 있지 않은가? 사설정보지의 정보를 얼마나 믿고 활용하느냐는 전적으로 입찰자가 판단할 몫이지만 정보지를 통해 경매를 쉽게 하는 방법을 읽혀두면 좋다.

03 권리분석의 핵심, 선순위임차인의 배당권리는 알고 가자

임차인이 주임법이나 상임법상의 보호를 받고, 보증금에 대해 우선변제로 배당을 받거나 소액임차보증금에 의한 최우선변제로 배당을 받을 수 있는 조건과 방법, 말소기준권리를 기준으로 한 선·후순위의 배당 권리에 관해 앞에서 살펴보았다.

그중에서도 권리분석의 핵심이라는 선순위임차인의 배당 여부에 대한 내용을 알면 입찰 참여 여부, 입찰가액 산정이나 향후 낙찰 시 물건의 임차인과 인도 협의하는 과정을 원활히 하는 차원에서도 주요부분은 반드시 확인하는 것이 필요하다고 했다. 그 중요부분을 한번 살펴보고 가자.

확정일자부 선순위임차인이 배당요구를 안 했을 경우

자료6-1 사례 물건처럼 선순위임차권자이거나 경매 신청권자로서 당연히 자동배동권이 있는 임차인 외의 모든 임차인은 배당요구종기까지 배당요구를 해야 배당을 받을 자격이 부여된다. 선·후순위를 불문하고 배당요구종기까지 배당요구를 하지 않았거나 철회를 했다면, 설령 최우선변제권이 있는 소액임차인이든 확정일자부 우선변제권이 있든 배당을 받지 못한다.

자료6-2. 경매 물건 보기

출처 : 부동산태인(www.taein.co.kr)

자료6-2에서 보면 임차권자인 임차인의 전입일자는 2018년 12월 10일로, 말소기준권리 2020년 1월 6일보다 빠른 선순위임차인으로 대항력이 있고, 확정일자도 2018년 12월 11일 0시에 취득 말소기준권리보다 빨라 우선변제권까지 있는데도 불구하고, 배당요구를 하지 않은 것을 확인할 수가 있다. 임차인이 임차권등기명령을 통해 주택임차권을 설정했지만, 경매 기입등기 이후에 설정한 권리로 자동배당권자가 되지 못하기 때문에 반드시 배당요구를 해야 매각대금에서 우선배당을 받을 수 있다.

자료6-2-1. 예상배당표

* 입찰가정가 : 2억 8200만원 (최저경매가기준)   단위: 만원

권리	권리자	등기/확정일	전입/사업	채권액	채권배당금	미수금	인수여부	비고
법원경비	변 위				340	0		
임차권	박	2018-10-15	2018-12-10	2억 5500	0	2억 5500	인수	
가압	하나카드	2020-01-06	-	2,033	2,033	0	말소	말소기준권리
가압	한국카카오은행	2020-01-29	-	1억 2690	1억 2690	0	말소	
강제	한빛자산관리대부	2020-06-09	-	5,898	5,898	0	말소	
합 계				4억 6121	2억 961	2억 5500		
배당잔액					7,238		**배당 후 남은 금액**	

임차인	선순위대항력	보증금/차임	낙찰자 인수여부	점유부분	비고
박	전입 : 2018-12-10 (有) 확정 : 2018-10-15 배당 : -	보증 : 255,000,000원	배당액 : 0원 미배당 : 255,000,000원 인수액 : 255,000,000원	해당호수 전체/주거 (점유:미상)	임차권등기자

출처 : 부동산태인(www.taein.co.kr)

그러므로 임차권자인 임차인 홍○○은 대항력과 우선변제권, 임차권이 있다 해도 매각대금에서는 배당을 받을 수 없게 된다. 결국 대항력 있는 선순위임차인이 배당요구를 하지 않았다는 것은 몰라서가 아니라 임차보증금을 낙찰자이자 매수인에게 부담시키겠다는 것이다.

자료6-2에서 분석한 임차인의 임차보증금 2억 5,500만 원을 낙찰자가 인수해야 한다는 것을 자료6-2-1 예상배당표를 통해서 명확하게 확인할 수가 있다. 이런 물건이 낙찰자가 전액 인수하는 물건의 대표적 사례다. 자칫 임차권등기를 했기 때문에 자동배당권자로 착각하기 쉽기 때문에 실수할 수도 있으나, 대항력 있는 임차인이 배당요구를 하지 않은 물건의 입찰 여부를 판단하기가 오히려 쉬운 면도 있다.

확정일자부 선순위 임차인이 배당요구를 했을 경우

대부분의 입찰자들이 경매 물건을 검색할 때 대항요건과 확정일자가 말소기준권리보다 앞서고, 배당요구종기일까지 배당신청을 하고 철회를 하지 않은 물건을 0순위로 찾는다.

자료6-2의 물건은 대항력과 확정일자가 말소기준권리보다 앞서 법원에서 배당을 받을 수 있음에도 불구하고 배당신청을 하지 않아 낙찰자에게 부담이 가는 물건인 것에 반해, 다음 사례의 물건은 추가로 지불해야할 부담도 없고 명도도 비교적 쉬운 물건이라 할 수 있다.

❷ 감정평가서 요약/진행결과/임차관계/등기권리				감정평가서 보기 GO
소재지/감정서	면적(단위:㎡)	진행결과	임차관계/관리비	등기권리
(○○) [목록1] 인천 계양구 효성동 2동 17층 17○호 [안남로○번길 ○] [지도][등기] [토지이용] [구분건물] • 본건은 인천광역시 계양구 효성동 소재 효성초등학교 남동측 인근에 위치하며, 주위는 아파트 단지, 다세대주택 등이 주를 이루는 주거지대로서 주위환경은 보통시됨. • 본건까지 제반 차량 출입이 가능하며 인근에 버스정류장이 소재하는 등 교통여건은 보통시됨. • 철근콘크리트 벽식구조 평스라브지붕 24층 아파트 내 제17층 제1703호로서, 외벽:몰탈위 페인팅,내벽:벽지 등 인테리어 마감,창호:샤시이중창임. • 아파트로 이용중임. • 위생 및 급배수설비, 도시가스 공급설비, 승강기설비, 옥내소화전설비 등임. • 단지 내 도로를 통하여 외곽공도와 연계됨. ▶ 토지이용계획	대 지 • 36.9/12213㎡ (11.18평) 건 물 • 84.92㎡ (25.69평) 총 24층 중 17층 보존등기 1996.12.21 토지감정 80,700,000 평당가격 7,218,250 건물감정 188,300,000 평당가격 7,329,710 감정기관 부성감정	감정 269,000,000 100% 269,000,000 유찰 2020.04.01 70% 188,300,000 변경 2020.05.07 100% 269,000,000 유찰 2020.05.07 70% 188,300,000 예정 2020.06.10 [법원기일내역]	▶ 법원임차조사 김○ 전입 2011.11.04 확정 2011.11.17 배당 2019.09.11 보증 1억 점유 전부/주거 (점유 2011.12.1.~2019. 9.11.) • 총보증금:100,000,000 [임대수익률계산] ▶ 전입세대 직접열람 GO 전입 없음 열람일 2020.03.19 ▶ 관리비체납내역 • 체납액:0 • 확인일자:2020.03.19 • 20년1월까지미납없음 ☎ 032-552-4416 ▶ 관할주민센터 계양구 효성1동 ☎ 032-450-○○○	• 집합건물등기 소유권 이○○ 이 전 2007.05.14 전소유자: 이○○ 증여(2007.05.14) 근저당 한국자산관리공사 (인천지역본부) 2016.09.29 185,150,000 (한화손해보험의 근저이전) [말소기준권리] 근저당 오케이파이낸셜대부 2017.08.31 52,000,000 가압류 신한카드 2017.11.23 10,236,331 가압류 삼성카드 2017.11.24 18,200,140 가압류 하나카드 (채권관리팀) 2017.12.04 25,254,906 가압류 산와대부

자료6-3 경매 물건 보기의 사례를 보면 임차인의 전입일자는 2011년 11월 4일로 말소기준권리 2016년 9월 29일보다 앞선다. 대항력 있는 선순위임차인으로 확정일자도 말소기준권리보다 앞서 우선변제권까지 있는 임차인 김○○이 배당요구종기까지 배당요구를 마친 그야말로 0순위 물건이라 할 수 있는 물건이다.

자료6-3-1 예상배당표를 검토해보면 최저매각가 1억 8,830만 원에 낙찰된다고 예상을 할 때 말소기준권리를 비롯한 후순위권리 모두 배당금 0원으로 소멸되고, 배당요구를 신청한 선순

자료6-3-1. 예상배당표

❷ 예상배당표　　　　　　　　　　　　　　　　　　　　　　태인권리분석 보기 **GO**

☞ 최저경매가 및 등기부상의 설정금액을 기준으로 작성이 되고 있으므로 입찰금액이 높아지거나 실 채권액이 설정금액보다 적을 경우에는 배당금액의 변경으로 인해 인수여부 및 인수금액 등에 변화가 생길 수 있습니다. 입찰금액 또는 등기부상 채권금액의 수정 및 그에 따른 예상배당표의 재작성은 태인권리분석의 '정보수정후분석' 기능을 이용하시기 바랍니다. **바로가기**

◆ 입찰가정가 : 1억 8830만원 (최저경매가기준)　　　　　　　　　　　　　　　　　　　　　단위 : 만원

권리	권리자	등기/확정일	전입/사업	채권액	채권배당금	미수금	인수여부	비고
법원경비	법 원	-	-	-	341	0	-	-
임차권	김▇▇	2011-11-17	2011-11-04	1억	1억	0	말소	-
근저	한국자산관리공사(인천지역본부)	2016-09-29	-	1억 8515	8,488	1억 26	말소	말소기준권리
근저	오케이파이낸셜대부	2017-08-31	-	5,200	0	5,200	말소	-
가압	신한카드	2017-11-23	-	1,023	0	1,023	말소	-
가압	삼성카드	2017-11-24	-	1,820	0	1,820	말소	-
가압	하나카드(채권관리팀)	2017-12-04	-	2,525	0	2,525	말소	-
가압	산와대부	2018-01-04	-	2,648	0	2,648	말소	-
임의	오케이파이낸셜대부	2019-07-10	-	-	-	-	말소	-
합 계				4억 1733	1억 8830	2억 3244		

❷ 임차인 현황/예상배당표
(말소기준권리일 : 2016-09-29, 소액임차기준일 : 2016-09-29, 배당요구종기일 : 2019-09-24)　　　현황조사서 **GO** / 매각물건명세서 **GO**

임차인	선순위대항력	보증금/차임	낙찰자 인수금액	비고
김▇▇	전입 : 2011-11-04 (有) 확정 : 2011-11-17 배당 : 2019-09-11	보증 : 100,000,000원	배당액 : 100,000,000원 미배당 : 0원 인수액 : 없음	임차권등기자

위임차인도 임차보증금 1억 원 전액을 받고 소멸된다는 것을 확인할 수가 있다. 결국 매수인 입장에서 낙찰 후 추가 부담금 없이 인수할 수가 있고, 명도 또한 임차인이 보증금 손실이 없는 관계로 수월해 입찰하기 좋은 물건으로 분류된다.

0순위 물건도 위험은 있다

자료6-4. 예상배당표 사례

권리	권리자	등기/확정일	전입/사업	채권액	채권배당금	미수금	연수여부	비고
법원경비	법 원	-	-	-	430	0	-	-
임금채권	김OO 외 9	-	-	체불임금	우선변제액	-	-	보기
압류	인천광역시연수구	2018-11-27	-	체납상당액	교부청구액	0	말소	보기
압류	남인천세무서장	2019-07-19	-	체납상당액	교부청구액	0	말소	보기
근저	중소기업은행(남동공단지점)	2015-08-26	-	2억 400	2억 400	0	말소	말소기준권리
근저	신한은행(남동금융센터)	2017-02-27	-	5,648	584	7,530	말소	-
근저이전	기술보증기금(인천기술평가센터)	2017-02-27	-	2,751	284	2,466	말소	-
근저	(주)중앙산업	2018-06-12	-	1억	0	1억	말소	-

선순위우선변제권과 대항력을 갖춘 임차인이 배당요구를 하면 매각대금에서 가장 먼저 배당을 받지만, 이 권리보다도 배당순위에서 앞서 배당금을 수령해가는 권리들을 입찰자들이 조심해서 살펴봐야 한다.

자료6-4 예상배당표 사례에서 보면 말소기준권리 위에 임금채권과 교부청구액이 있는데, 이런 권리는 우선변제권보다 항상 앞서 배당될 수 있는 권리다. 하지만 금액을 확인하기가 쉽지 않아 자칫 소홀히 했다가는 선순위임차인의 보증금 상당액을 부담할 수 있어 돌다리 두드리며 건너듯이 신중하게 권리를 확인 후 입찰해야 한다.

또한 세금체납에 의한 교부청구액이 일반조세인지, 당해세인지를 반드시 확인해야 한다. 당해세란 해당 부동산 자체에 부과되는 세금으로 국세는 물론 지방세도 해당된다. 국세로는 종합부동산세, 상속세, 증여세, 재평가세가 있고, 지방세로는 재산세, 자동차세, 도시계획세, 공동시설세, 지방교육세 등이 이에 속한다.

경매에서의 당해세 중 지방세인 재산세는 부동산에 따라 차이는 있지만, 대체적으로 크지 않고 종합부동산세는 고액 부동산일 경우 잘 확인해야 한다. 특히 상속세나 증여세는 목적 부동산에 담보권 설정 당시 설정자에게 납세의무가 있는 경우에만 당해세가 해당되는 만큼, 설정 이후 소유권이 이전되어 양수인에게 부과된 상속세나 증여세는 당해세로 해당되지 않는다. 상속세나 증여세가 당해세일 경우 금액이 클 수도 있으므로 꼼꼼히 확인해야 한다.

이같은 교부청구액은 이해관계인에게만 열람이 되는 관계로 입찰자들 입장에서는 확인하기가 쉽지가 않아 선순위임차인이 있는 물건에 당해세가 있다면 각별히 조심해야 한다.

임금채권은 소액임차인의 최우선변제권과 같은 순위로 당해세나 선순위 우선변제권보다 앞선 권리로 먼저 배당을 받는다. 임금채권은 일정한 금액이 아닌 근로자의 최종 3개월 치 임금과 최종 3년 치의 퇴직금, 재해보상금을 포함한다. 임금채권은 정확한 금액을 알 수가 없어, 만일 임금채권을 우선 배당하고, 배당요구를 신청한 선순위 우선변제권과 대항력 있는 선순위임차인의 임차보증금이 부족할 때는 매수인이 추가 부담해야 할 경우가 발생한다.

그렇기 때문에 임금채권의 크기를 확인할 수 없다면 배당요구로 우선배당을 받는 선순위 임차인이 있는 물건이라도 반드시 임금채권의 크기를 분석 후 부담의 정도를 파악한 후 입찰 여부를 결정해야 한다. 그러나 집주인이 거주하거나 선순위임차인이 없다면 선순위임차인의 보증금 부족액을 인수할 부담이 없기 때문에 임금채권이 있어도 신경 쓰지 않고 입찰에 참여해도 된다.

대항력은 있으나 우선변제권이 없거나 늦는 경우

경매에 있어서 대항력이란 임대차계약을 한 임차인이 말소기준권리보다 앞서 대항요건을 갖춘 경우 낙찰자에게 대항할 수 있는 강력한 권리라고 했다. 그러나 그런 힘센 대항력을 갖추고 배당요구를 했어도, 말소기준권리보다 앞선 우선변제권이 없으면 보증금이 지불되지는 않는다.

또한 대항력이 있고 우선변제권이 있다 해도 말소기준권리보다 늦으면 순위에 따라 배당을 받게 된다. 단, 현재의 보증금이 담보물권설정일의 구간에 해당하는 소액임차인이라면 최우선변제금은 배당을 받게 된다.

대항력 없는 후순위 임차인들의 배당 확인

인수부담이 있는 권리분석 대상은 아니나 임차보증금이 소액보증금의 범위를 벗어나, 최우선변제금조차도 배당을 받지 못하는 임차인인지, 소액보증금으로 배당을 받는지 등 여부를 확인하고 명도 과정에서의 협의를 위해 참고로 해야 한다.

04 보일 듯 안 보이는 권리도 확인하자

잉여주의에 의한 경매 취소 가능성도 확인

후순위권리자가 경매 신청을 한 경우 매각 부동산의 가격이 떨어짐에 따라 경매 신청권자가 배당받을 금액이 없을 시 잉여주의의 원칙에 따라 경매가 취하될 가능성이 있으므로 예상배당표를 확인하고 평가해야 한다.

자료6-5. 예상배당표 사례

권리	권리자	등기/확정일	전입/사업	채권액	채권배당금	매수금	인수여부	비고
법원경비	법 원	-	-	-	297	0	-	-
근저	국민은행(학익동지점)	2015-06-30	-	1억 4400	1억 3842	557	말소	말소기준권리
근저	논산계룡축협	2015-06-30	-	2,400	0	2,400	말소	-
가압	신한카드	2015-12-11	-	1,110	0	1,110	말소	-
가압	케이비국민카드(채권관리부)	2019-03-06	-	810	0	810	말소	-
강제	케이비국민카드(채권관리부)	2019-12-17	-	-	0	0	말소	-
합 계				1억 8720	1억 4140	4,878		

• 입찰가정가 : 1억 4140만원 (최저경매가기준)   단위 : 만원

자료6-5 예상배당표 사례를 보면 등기상 접수번호가 가장 늦은 후순위 가압류권자인 케이비국민카드가 강제경매를 신청한 물건으로 예상낙찰가를 1억 4,140만 원으로 예상하고 배당표를 작성해보니, 배당금 0원으로 미배당이 된다. 그러므로 말소기준권리를 포함한 총채권액이 최소 1억 7,910만 원 이상으로 낙찰이 되지 않으면 경매 신청권자가 단돈 1원도 배당을 받지 못하기 때문에 잉여주의의 원칙에 따라 법원직권으로 경매가 취소되는 것이다. 이와 같이 잉여주의에 의해 경매가 취소될 가능성이 있는 물건에 시간을 투자할 이유는 없다.

대위변제로 인한 추가부담 가능성도 예상하자

대위변제란, 타인의 채무를 제3자가 대신 변제하는 것을 의미하는데 이해관계가 없는 제3자는 채무자의 동의가 필요하다. 하지만 후순위임차인이나 근저당권자, 전세권자, 가등기권자, 가처분권자, 가압류권자, 임차권자 등 등기상 후순위권리자나 공동채무자나 연대보증인, 물상보증인 등 해당 경매 물건의 이해관계인들은 법정대위자들로 채무자의 동의 없이 채무를 대위변제 후 권리를 확보할 수 있다.

경매에서 주로 후순위 임차인 또는 전세권자나 임차권자 등이 임차보증금의 손실을 최소화하기 위해 말소기준권리(주로 근저당권)의 피담보채권을 대위변제하고 1순위를 소멸시킨 후 선순위의 권리를 확보하는 수단으로 이용한다.

입찰자 입장에서는 후순위임차인이나 다른 등기상 권리 중에 언제든지 대위변제를 통해 선순위권리를 소멸시키고 순위변경을 할 수 있다는 것을 명심하고, 말소기준권리를 보고 순위를 판단하는 것 외에 피담보채권이 어느 정도인지, 혹시 대위변제를 할 수 있을지까지도 체크해야 한다. 매각기일 전에 다시 한 번 등기부등본을 확인하고 경매계에도 권리의 변동여부를 확인 후 입찰에 참여하는 것이 좋다.

05 동시^{同時}배당인지 이시^{異時}배당인지 알고 하자

동시배당이란?

경매 물건을 검색하다 보면 하나의 사건번호에 물건번호가 다수인 경우를 흔히 보게 된다. 다음의 자료를 보면 각기 다른 물건 3개를 하나의 사건번호에 부쳐 일괄매각으로 진행한다는 것을 알 수가 있다.

자료6-6. 참고자료

[용현동] 근린상가

인천9계 **2019-514▮▮▮(3)**

경매9계 (☎032-860-1609) 법원안내

❶ 관심사건등록 | 🖨 화면인쇄 | 🖨 보고서인쇄

- 본 건은 공동저당권(공담)이 설정되어 있는 여러 개의 부동산을 동시에 매각하기 위해 한 사건번호에 복수의 물건번호로 진행이 되는 물건으로서 동시배당이 될 가능성이 있습니다. 일단 동시배당이 적용되는 사건은 물건 별로 진행과정이 상이하게 되는 경우, 일부 물건이 먼저 낙찰이 되어 잔금이 납부되더라도 해당 물건에 대한 배당을 하지 않고 나머지 물건이 낙찰 또는 취소, 취하, 기각 등으로 처리되어야만 비로소 전체적인 사건단위의 배당이 이루어지게 됩니다. 따라서 동시배당 물건의 낙찰자는 잔금을 납부하더라도 다른 물건들의 진행상태에 따라 인도명령신청이 받아들여지지 않을 수도 있기 때문에 전체 사건의 진행상황에 맞추어 명도계획을 세우셔야 합니다.

부동산 담보대출 시 하나의 부동산으로 담보력이 부족할 경우 2개 이상의 부동산을 공동담보로 해서 공동저당권을 설정하는데, 이러한 물건 전부를 일괄적으로 경매 신청을 하면 각기 물건번호가 부여되고 개별 매각을 하게 된다. 이런 경우 각 물건별로 매각된다 해서 개별로 배당하는 것이 아니라 공동담보물 전부를 매각해서 각 물건의 매각대금을 동시에 배당하는 배당방법을 말한다.

다수의 공담물건 중에는 공동저당권과는 별도로 각 개별물건에 법정지상권이나 가등기, 가처분 등 특수물권이 설정되어 있는 물건이 있는 경우가 있다. 이런 물건은 여러 차례 유찰되거나 때로는 항고 등의 사유로 상당한 기간이 소요된다.

이럴 경우 개별물건으로 낙찰받아 잔금을 납부하고도 공동담보물의 마지막 물건의 잔금납입이 되어야 비로소 배당기일이 잡히는데, 이때까지 낙찰자는 이자비용 등을 부담하면 부동산의 인도는 물론, 사용도 할 수 없는 큰 손해가 발생할 수가 있는 것이다.

이렇게 공동담보물을 하나의 사건번호에 각기 다른 물건번호로 일괄매각하는 경우에는 기본적 권리분석 외에 동시배당인지, 이시배당인지 여부를 반드시 파악하고, 공동배당인 경우에는 신중히 파악해서 입찰 여부를 판단해야 한다.

동시배당과 이시배당의 방법의 선택은 각 집행법원의 재량에 따라 정해지는데, 법원의 원칙은 이시배당이지만 실무에서는 계산상의 복잡함을 들어 동시배당을 하는 법원도 많다는 것을 염두에 두고 살펴야 한다.

이시배당이란?

공동담보물 전부를 일괄 경매에 부치지만, 한꺼번에 낙찰되지 않고 개별적으로 낙찰되면 동시배당과는 달리 먼저 낙찰된 물건부터 순차적으로 순위에 따라 배당한다. 해당 물건의 차순위 저당권자에게는 다른 개별물건의 매각대금에서 선순위저당권자가 받을 수 있는 금액의 한도에서 대위변제를 받을 수 있도록 한 배당방법을 말한다.

예를 들어 임야+아파트+다세대주택 8세대가 공동담보물로 하나의 사건번호에 물건번호를 다르게 하고 일괄 경매로 나왔다고 하면, 동시배당인 경우에는 각 물건별로 매각된다 해서 개별로 배당하는 것이 아니라, 공동담보물의 마지막 물건이 매각될 때까지 배당을 유보하고 있다가 마지막 물건의 매각잔금이 납입되면 배당을 하지만, 이시배당은 개별 매각 시마다 배당을 하는 방법을 말하는 것이다.

안전성 측면에서 보면 이시배당을 하는 물건에 관심을 갖고 참여를 해야겠지만, 동시배당이 시간적으로나 그에 따른 손실이 발생할 가능성이 있다 해서 마냥 외면할 필요는 없다. 위험성 때문에 입찰자가 없거나 적다면 그만큼 기회가 된다는 말이다.

입찰자 입장에서 시간적으로 손실이 발생하는 기회비용의 부담을 감안할 수 있다면 다른 투자자들이 기피하는 동시배당 물건이라도 꼭 필요한 물건이나 투자 가치가 충분한 물건이라 판단되면 저가의 시점에 낙찰을 받아 높은 수익을 올리는 것도 해봄직하다.

부자 경매의 시작
알기 쉬운 기초 경매

제1판 1쇄 2021년 10월 13일
제1판 2쇄 2022년 5월 11일

지은이 김인성
펴낸이 서정희 **펴낸곳** 매경출판㈜
기획제작 ㈜두드림미디어
책임편집 이규재, 배성분 **디자인** 디자인 뜰채 apexmino@hanmail.net
마케팅 김익겸, 이진희, 장하라

매경출판㈜
등 록 2003년 4월 24일(No. 2-3759)
주 소 (04557) 서울시 중구 충무로 2(필동 1가) 매일경제 별관 2층 매경출판㈜
홈페이지 www.mkbook.co.kr
전 화 02)333-3577
이메일 dodreamedia@naver.com(원고 투고 및 출판 관련 문의)
인쇄·제본 ㈜M-print 031)8071-0961
ISBN 979-11-6484-327-5 (03320)

부동산 도서 목록

📍 부동산 도서 목록 📍

📍 부동산 도서 목록 📍

세무사 30년이 알려주는
세무조사
대비의 모든 것
대비 · 연금 보약하기

향후 5년 부동산 정책 핵심 공략
문재인 시대
부동산 트렌드
이러영 문철상 지음

주택 연출가
무조건 따라하기
이형우 지음

커피 한 잔 값으로
초대형 오피스 주변 되기
리츠
얼리어답터
이지영 지음

고수들만 건거주는 블루오션 토지 경매
신의 한 수
금맥
경매
5년 무채산의 오가를 토지에서 투자 지식 공개
토지 경매로 금맥을 캐다

주택
아파트
세무 가이드북
실전편

권리분석
완전정복으로
10년 안에
10억 벌기
"지림한 경매에서 투자 설금룸을 늘여라!"

고수가 알려주는 뭥립 타지 팔 투자의 모든 것
대한민국을
움직이는
땅 투자 법칙 100

토지 투자 전문가 박드로의 실전 부동산 투자 노하우
땅투자
10단계 절대불변의 법칙
박진달 지음

新 돈의 보감
평범한 샐러리맨, 투잡 경매로
5년에 10억 벌다
경매도 재테크하고
NPL로 두 번째 월급 받다

나는 갭 투자로
300채 집주인이
되었다
박정수 지음
아파트 300채 부자
박정수가 공개하는
화제의 투자법 대공개!

토지
세무
가이드북
실전편

부동산 경 공개, 방면, 입찰, 예재를 통한
新 # 상가
투자
보물
찾기

상가
세무
가이드북
실전편
"상가세무에 있어 세금전략은
선택이 아니라 필수다!"

NPL
가격 산정의 비밀
정확한 NPL 가격 산출 시스템 독자들만

응답하라!!
위기의
부동산

나는
토지 경매로
금맥을 캔다

NPL과 경매, 토지보상이 하나로
토지보상경매
실전활용

재건 · 북단사업과 정비건150도 꼭 알아야 하는
세무조사
실무
가이드북
실전편

야생화의
기초 경매

㈜두드림미디어 카페(https://cafe.naver.com/dodreamedia)
Tel : 02-333-3577　E-mail : dodreamedia@naver.com